语用学学人文库

何自然 主编

特称描述语理解机制的语用学研究

语用学研究

A Pragmatic Study on the Comprehension Mechanism of Definite Descriptions

李娟 著

暨南大学出版社
JINAN UNIVERSITY PRESS

中国·广州

本研究受教育部人文社科研究青年基金项目"二语学习者指称表达的认知加工研究"（项目号：19YJC740028），以及中央高校基本科研业务费专项资金 No. 30917013116 资助。

总　序

语用学（pragmatics）作为一门学科，近二十多年的发展日新月异。语用学的学术视角从最早的语言哲学扩展到语言学，逐渐触及语言学的各个领域，出现了各类与语用学相结合的新兴学科和边缘学科，对翻译学、外语教学、词典编撰、跨文化交际、人工智能、文学批评、心理学等许多相关学科产生了深远的影响。语用学现已成为当代语言学中的显学，吸引了越来越多的学者从事语用学的学习、教学和研究。

20世纪60至70年代，与语用学有关的课题在西方语言哲学的日常语言学派中十分盛行，但它直到70年代末至80年代初才成为语言学的一个分支学科。1977年，《语用学学刊》（*Journal of Pragmatics*）在荷兰发行，标志着语用学作为一个学科得到正式确认。同一时期，pragmatics引入日本，被翻译为"語用論"，日本学者毛利可信于1978年就曾以"意义的不确定性——从语义学到语用学"为题发表过文章；1980年，毛利可信出版了亚洲第一部语用学专著《英語の語用論》（《英语语用学》）。在我国，语言学界前辈许国璋先生于1979年在中国社会科学院语言所主持出版的《语言学译丛》中就曾连续译介过与日常语言哲学有关的奥斯汀的《论言有所为》等文献。《语言学译丛》改版后的《国外语言学》季刊在1980年就刊登了胡壮麟先生介绍国外语用学的文章。到了1983年，西方正式出版了列文森的《语用学》（*Pragmatics*）和里奇的《语用学原理》（*Principles of Pragmatics*）。这些国外语用学经典著述，经我国学者不懈引进，语用学在我国开始扎根、发芽。随后，经过三十多年的努力，我国语用学研究得到不断发展，研究队伍不断壮大，与国外同行学者之间的学术交往日益增多，并不断产出具有国际视野的研究成果，体现出中国学者的学术见解和创新。

当然，我国语用学研究的全面创新及语用学学科的深度发展还有很长的路要走；作为我们自己的学术团体，中国语用学研究会也有很多工作要做。2011 年，第十二届全国语用学研讨会暨第六届中国语用学研究会年会在山西大学外语学院召开之际，研究会常务理事会决定组织出版"语用学学人文库"（以下简称"文库"），并成立了编委会，约请暨南大学出版社自 2012 年起出版语用学方面的有关论著。中国语用学研究会认为，在这个时候筹划出版"文库"丛书是有其积极意义的，可以极大地促进我国语用学教学与研究的繁荣，使汉语、外语学习和实际运用得到应有的重视，使汉语在我国社会经济生活中的使用质量得到不断提高，并为在国际上普及汉语和宣传中华文化而出力。

我们计划"文库"丛书每年出版 2～3 部专著。这些著述将着重反映以下三个方面的内容：第一，评介当前国外语用学学科的前沿课题；第二，结合和借鉴国外语用学的理论和实践，指导并提高我国汉语和外语的教学与研究；第三，介绍我国学者在语用与社会、语用与文化、语用与翻译、语用与心理、语用与认知等方面的创新成果。

我们曾征询过国内外有关专家、教授、学者的意见，草拟了一份"文库"选题建议，发布在"中国语用学研究会网"（www. cpra. com. cn）上，供大家撰稿时参考。我们盼望我国从事语用学教学与研究的同仁能够积极支持这个"文库"的出版计划，踊跃撰稿，为进一步繁荣我国语用学的学术研究做出贡献。

"语用学学人文库"编委会

2012 年 5 月

目　录

第 1 章

导 论

近二十年来，特称描述语的研究经历着从纯语义研究到语义—语用界面研究的转向，主要涉及对特称描述语的编码意义、语境等相关影响因素及其相关理解机制等方面的研究课题（李娟、陈新仁，2017）。关联论、默认语义论等语境论派在特称描述语理解方面的研究超越了传统的理论范式，但目前该视角下的研究数量总体偏少，且主要停留在理论探讨层面。在语义学与语用学分界新方案（陈新仁，2015）的指导下，基于语境论的理论导向，本书试图结合关联论和默认语义论，探讨概念编码和语境在特称描述语理解中的作用，并通过实验的方法研究特称描述语理解的语用认知机制。

本章是全书的总览，旨在概括性地介绍本书内容。1.1 节介绍相关研究背景，说明开展本研究的主要原因，1.2 节结合具体例子界定研究对象，1.3 节归纳研究目标，1.4 节介绍本研究七个章节的内容安排。

1.1　研究背景

Apel 总结了西方哲学的发展历程，古代哲学注重的是本体论，近代哲学注重认识论，到 20 世纪，哲学注重语言，西方哲学经历了"语言转向"（陈嘉映，2012）。以 Frege、Russell 为代表的语言哲学界正统派试图通过解决语言问题来解决哲学问题。1905 年 Russell 提出的描述语理论就是西方哲学"语言转向"中的一座里程碑，而描述语理论引发的争论则引起了语言哲学的又一转向。由此，特称描述语一直是国外语言哲学争论中"讨论热烈""丰富高产"的话题（Bach，1981，1983，1987，2004，2007；Recanati，1993；Neale，2005；Elbourne，2013；Penco，2017）。

首先，作为常见的指称表达，很多情况下特称描述语（限定摹状词）是话语理解的起点，是交际成功的关键，在话语研究中处于核心位置（陈平，2015）。通常来说，无法确定指称就无法确定命题的内容，更无法理解话语，完成交际活动。作为指称中一个重要的语言形式，特称描述语是话语理解的起点。无法确定话语中特称描述语的意义，就无法确定话语的指称，更无法确定命题内容，判断其真假以及推导其含意。

除了哲学家们对特称描述语的分析（Frege，1892；Russell，1905；Strawson，1950；Donnellan，1966；Kripke，1977；Nichols，2014），也有学者研究辨析特称描述语与专有名词、代词、回指在理解上的异同（Postal，1966；Wilson，1994；Neale，2004；Elbourne，2005，2013；Nunberg，1993）。针对特称描述语，有句法上的分析（Mendelsohn，2010）；有计算语言学领域的研究，学者们试图利用计算机程序识别特称描述语，为人工智能做贡献（Vieira，1998；Vieira & Poesio，2000；Gardent & Webber，2001；Ng & Cardie，2002）；也有学者用熟悉理论（familiarity theory）解释特称描述语，认为它是当前认知上可获取的语篇实体（Prince，1981；Heim，1982）；还有学者从心理语言学角度来谈理解机制，只是其研究中谈到的多是回指表达，忽视了语篇中新出现的特称描述语（Gordon & Hendrik，1998）。可见，作为常见的指称表达，特称描述语引起了来自哲学、语言学等各个领域研究者的兴趣。

其次，作为言语交际中普遍存在的现象，特称描述语一直是语言哲学理论和语言学理论的试金石（Russell，1905；Strawson，1950；Recanati，1993；Elbourne，2013；Penco，2017；王寅，2012；陈晓平，2012b，2013；王建芳，2013）。19 世纪末到 20 世纪初，语言哲学研究兴起，其语言哲学研究的中心问题是：①语言和世界的关系；②语言或语词的意义问题（陈嘉映，2012）。作为言语交际中普遍存在的语言形式，特称描述语为哲学家们和语言学家们提供了从不同角度看待语言和世界的关系以及探讨语词意义问题的研究话题。代表语言哲学正统派和日常语言学派的哲学家们纷纷撰写论著，讨论指称，尤其是特称描述语问题（Frege，1892；Russell，1905；Strawson，1950；Donnellan，1966；Kripke，1977；Bach，1981，1983，1987，2004，2007；Nichols，2014；Penco，2017）。

Russell 提出的描述语理论在当时不仅为哲学研究提供一个崭新视角，引领了哲学研究的语言转向，更为哲学、逻辑学及语言学提供了一种严谨科学的方法。Russell（1905）的描述语理论主要集中在特称描述语方面，他称特称描述语为"迄今为止最有意思同时也是最为棘手的指谓短语"。在传统逻辑中，描述语并没有体现出特别独特的一面，或者说它以一种隐性的表现形式出现在逻辑体系中。而 Russell 是发现其价值的第一人，他通过描述语理论解释语句的逻辑结构与语法结构的区别，并把语法结构为主谓式的语句通过语义分析，重新展现其逻辑结构，从而将因为语法问题而长期存在的许多谬误和哲学问题予以了澄清和剔除（周璇，2014）。但是很多哲学家和语言学家从存在性（existence）（Schoubye，2011）、唯一性（uniqueness）（Kempson，1975；Heim，1982；Kamp & Reyle，1993；Zvolensky，1997；Breheny，1999；Szabó，2000）、极大性（maximality）（Sharvy，1980）以及其他真值条件上质疑 Russell 的逻辑分析。因此，特称描述语的相关分析需要更深入的理论探讨。

最后，作为研究对象，特称描述语在语义—语用界面研究中频繁出现。语义—语用界面研究是当前国内外语用学学科发展前沿的一个重要课题。近年来关于语义—语用界面研究的论文集不断涌现（Turner，1999；Bianchi，2005；Szabó，2006），不少重要专著聚焦语义学与语用学之间的关系问题（Levinson，2000；Perry，2001；Carston，2002；Borg，2004；Recanati，2004；Cappelen & Lepore，2005；Predelli，2005），相关的期刊论文以及专刊论文更是汗牛充栋（Stojanovic，2008；Pan & Hu，2008；张绍杰，2010；张绍杰、张延飞，2012；陈新仁，2015；Zhang & Zhang，2017；伍思静、张荆欣，2018）。特别是在关联论的本体研究中，语义—语用界面之争一直是重要的前沿议题（赵燊、向明友，2018）。为了探讨默认推理是否存在，语言学家开始借助心理学实验探测人类推理机制的运作方式。此外，国内外学术会议均多次围绕语义—语用界面进行研讨，如 2005 年在法国巴黎举办工作坊，主题为"The Semantics/Pragmatics Distinction：What Is It, and Does It Really Matter?"，国际语用学大会常设"语义—语用界面研究"分会场。2015 年在安徽合肥举办的中国语用学年会更是以界面研究作为会议主题，其中语义—语用界面研究是其重要组成部分。

特称描述语这一过去主要是逻辑学家、哲学家感兴趣的问题如今也成为语言学家感兴趣的语义、语用问题。传统的语义—语用界面研究认为两者的界限泾渭分明，语义学研究语言意义，语用学研究言语行为。指称（reference）过去被视为一种表达与表达所约定俗成代表的事物或指谓的事物之间的二元语义关系，被称为语义指称（semantic reference）（Sullivan，2012）。Russell 所代表的逻辑实证主义强调指称（referring）和指谓（denoting）的区别，认为指称是表达（如她、这个）和所指代对象之间的一种规约化关系，指谓是表达（如特称描述语）与任何满足语义表达成分条件的事物之间的关系。Russell 进一步指出特称描述语谈的是指谓关系，特称描述语的属性用法独立于物体存在。Russell 的指称、指谓之分以及其特称描述语之分析得到了 Grice（1989）的支持，他同样认可语义与语用可截然两分，并利用字面意义和说话者意义的区别为 Russell 的特称描述语研究辩护，认为特称描述语是语义学研究的范围。

然而 Russell 的断言招致 Strawson（1950）的挑战，后者指出说话人指称（speaker's reference）的重要作用，促成了描述语理论向语用层面的转变。Strawson 的支持者们（Recanati，1986，1989，2004；Jaszczolt，2005）认为指称是一种依赖语境的四元关系，包含说话人、表达、听话人和指示对象，即一个说话人使用一种表达向听话人提及某一指示对象。语义属性的主要载体不是表达本身而是使用，因而特称描述语是语用学研究的范围。他们进而提出语境论，认为语义本身是不确定的（semantic underdetermination），每一个语词都对语境敏感，语义—语用界面更是动态模糊的。针对特称描述语这一研究对象，对语义—语用界面划分持不同看法的学者（Recanati，1986，1989，1993；Powell，2001；Carston，2002；Bach，2004；Jaszczolt，2005）纷纷从不同的理论视角阐释信息加工过程和话语理解机制。因此，通过对特称描述语相关争论的研究可以清晰地呈现语义—语用界面研究的一大起源和发展。

鉴于国内外研究较少探讨特称描述语的理解机制，我们仍需回答在特称描述语的理解过程中，概念编码和语境发挥什么作用以及如何发挥作用，默认和非默认解读是如何形成的。通过研究，从不同角度揭示语言和世界的关系并探讨语词意义问题，同时明晰语义—语用界面研究的一大起源和发展。

1.2　研究对象

描述语用以描述事物，揭示事物的某些特征。通常，把描述语分为特称描述语（definite description）和非特称描述语（indefinite description）。特称描述语又名限定摹状词，国内学者在提及特称描述语时，多采用限定摹状词这一译法。然而摹状词既不能点明指称和描述的关系，也不能反映研究主要谈论的是短语而非单词（陈嘉映，2012）。此外，由于本书是语用学研究，主要从语用—语言特征角度及理解机制去考察特称描述语，而不是遵从语言哲学研究范式，重点是从与客观世界对应的角度去做研究。特称描述语可以更好地区分本书研究的出发点。因此本书采用"特称描述语"这一说法。

特称描述语在英语中的表达形式是"the + F"，也就是"the + nominal"即"the + 单数名词/名词短语"。Russell 还指出 Smith's wife 这样的所有格结构与 the wife of Smith 这样的特称描述语是可互换的。对他而言，分析单数指谓短语（singular denoting phrases）的任务通常可简化为分析特称描述语。Russell 甚至指出普通专名也是一个伪装或缩略的特称描述语，例如 Aristotle 可以是以下特称描述语的缩略形式：the student of Plato who taught Alexander，the student of Plato who wrote The Nichomachean Ethics 等。

虽然有的语言学家试图扩大特称描述语的研究范围，使特称描述语涵盖更多的类别，但是这样会将该问题复杂化，无助于我们建立一个统一合理的特称描述语相关理解机制。因此，在本书中的特称描述语专指现实交际中使用的"the + F"，也就是"the + nominal"的典型形式，其中名词短语为可数名词单数形式。本书暂不讨论"his F"这种等同于"the F of him"的名词所有格形式。

1.3　研究目标

本书研究的主要目标是通过理论建构和实证研究找出特称描述语在真实语境中的理解机制，充实语义—语用界面研究并丰富语言学核心概念——指称问题研究。

具体来说，我们的研究目标涉及如下两个方面：

首先，在理论目标方面，本书将梳理特称描述语引发的语言哲学正统派和日常语言学派的哲学家们之间的纷争，厘清相应的语义—语用界面划分争议，在回顾关联论和默认语义论两种语境论主要思想的基础上，依据关联论的基本假设，吸纳默认语义论的默认推理思想，建构关联统领下涵盖默认推理的话语解读模式。

其次，探讨概念编码和语境在特称描述语理解中的作用，阐释二者在特称描述语理解中的参与方式。对于概念编码在特称描述语理解中的作用，学者们看法不一。Russell 派认为定冠词 the 的编码意义是"有且仅有一个"，可以和概念编码一起直接促成"有且仅有一个 F"的属性解读。而关联论者认为定冠词 the 只是表达程序意义，而非编码意义，同时，概念编码对特称描述语的解读有影响。因此还需进一步从完整性特称描述语、不完整特称描述语、松散性特称描述语和错误类特称描述语这四个方面探讨概念编码在话语理解中的作用。对于语境在特称描述语理解中的作用，以往的研究以思辨为主，主要在世界语义学可能的范畴中讨论特称描述语，并不详细梳理描述语在不同语境下的特征。本书将通过搜集不同种类的特称描述语，找出关联论定义下的语境假定对特称描述语解读的作用。

最后，验证关于特称描述语在真实语境中理解机制的假设。针对特称描述语的理解机制，过去主要是从理论层面进行探讨，如情境语义学、默认语义论、关联论等，但是没有进行实证研究。本书将在语义学与语用学分界新方案（陈新仁，2015）的指导下，以语境论的理论导向为基础，建构关联统领下涵盖默认语义的话语解读模式，并以此探究特称描述语理解的语用认知机制。语境论认为特称描述语的意义解读仍是语义层面的，只是语义本身不确定，需要语用充实来确定语义。陈新仁的语义—语用分界新方案将原本称为"语用充实"的内容纳入语义学的范围，拓宽语义学的传统边界，同时也为显得过于庞杂、臃肿的语用学进行必要的"瘦身"。此外，陈新仁①（2015）也指出"唯一化是语境化的过程，主观化是唯一化的取向"。在这些语用理论的指引下，本书将用有声思维法和访谈研究特称描述语的理解过程，验证并改进涵盖默认语义的关联理论框架下的话语解读模式，并以此探究特称描述语理解的语用认知机制。实验研究试图找出特称描述语是否存在默认解读和非默认指称解读，涉及哪些影响因素和语用推理过程。

在应用目标方面，本研究希冀通过考察特称描述语的理解机制，帮助人们理解指称现象以及语言和世界的关系，为二语学习者学习特称描述语提供相关指导，同时也为汉语指称研究提供借鉴。

1.4　全书结构

全书共分为七个章节。第 1 章为导论，从研究背景、研究对象、研究目标等方面对本研究进行简单介绍。第 2 章为文献综述，首先回顾并梳理特称描述语的用法分类，再从语义内容、语境作用和理解机制这三个方面剖析 Russell、Strawson 和 Donnellan 三个不同哲学流派的西方哲学家、语言学家及其追随者们分析特称描述语的异同，述评相关研究的贡献与不足，指出本研究的必要性。第 3 章为理论框架，以语义学与语用学分界新方案为指导，在回顾关联论和默认语义论基本思想的基础上，依据关联论的基本假设，吸纳默认语义论的默认语义思想，建立涵盖默认语义的关联理论框架下的话语解读模式。第 4 章分析概念编码在特称描述语理解中的作用及参与方式，在介绍了概念

---

① 2015 年 5 月，陈新仁教授与笔者面谈时发表的观点。

编码并回顾了 Russell 所定义的属性语义后，本章分别从完整性特称描述语、不完整特称描述语、松散性特称描述语和错误类特称描述语这四个方面探讨概念编码在话语理解中的作用及参与理解的机制。第 5 章分析语境在特称描述语理解中的作用及参与方式，从完整性特称描述语、不完整特称描述语、松散性特称描述语和错误类特称描述语这四个方面展开讨论，发现由语篇语境、情境和百科知识内化而来的认知语境对于决定特称描述语的解读起着很关键的作用。第 6 章为特称描述语的理解机制实验研究。该章首先提出研究问题，说明受试的情况，描述数据收集和分析的方法，而后按照研究问题的顺序报告并分析实验结果，最后对涵盖默认语义的关联理论框架下的话语解读模式进行调整。第 7 章为本书的结论部分，简要总结了本研究的主要发现，提出本研究的理论和实践启示，最后指出本研究的不足之处以及对未来研究的建议。

第 2 章

相关研究概述

本章介绍特称描述语的类型界定、用法分类、前人有关特称描述语的研究以及前人研究尚未解决的问题等。首先，本书界定了特称描述语几种主要用法和解读，为后文做好铺垫。其次，本书还简要回顾了特称描述语的哲学渊源，通过重点梳理其属性/指称用法以及相应的语义—语用界面的相关争论，揭示特称描述语的研究经历了从纯语义研究到语义—语用结合的界面研究的转向。最后，指出特称描述语在语言编码的作用、语境的作用和理解机制这三个方面尚待解决的问题，为本书的开展提供理据。

因此，文献综述包括：2.1 节特称描述语的类型界定，2.2 节特称描述语的主要用法，2.3 节特称描述语研究的哲学渊源，2.4 节特称描述语的语义研究，2.5 节特称描述语的语境作用研究，2.6 节特称描述语的理解机制，2.7 节研究评价。

2.1　特称描述语的类型界定

本书主要讨论四大类特称描述语，包括完整性特称描述语、不完整特称描述语、松散性特称描述语和错误类特称描述语。选取这四大类特称描述语的理据是因为在众多针对特称描述语的研究中，学者们对这四大类特称描述语的讨论最多（Strawson，1950；Donnellan，1966；Bach，1981，1983，1987，2004，2007；Nichols，2014；Penco，2017）。

但是值得注意的是，严格来说这几类特称描述语的分类并不在一个层面。从编码信息的准确度来看，特称描述语可以分为正确类特称描述语和错误类特称描述语，其中错误类特称描述语是描述准确度极低的一种典型语言现象。而编码信息的准确度还可以用严谨性特称描述语和松散性特称描述语来划分，其中松散性特称描述语主要涵盖隐喻或转喻此类语言的松散使用（loose use）现象。而松散性和严谨性其实可以组成一个连续统（continuum），并不一定有截然清楚的划分，在此我们讨论典型的松散性特称描述语。从编码信息的完整性来看，可分为编码形式完整的特称描述语和编码形式不完整的特称描述语。鉴于以上这几种分类有一定的交叉，本书主要聚焦语言学家们感兴趣的几种典型类别，并将在后文中进一步说明本研究讨论的具体类别。

2.1.1　完整性特称描述语

完整性特称描述语[①]指的是特称描述语除了定冠词 the 和单数名词短语外，通常还附有一些解释性的修饰语。完整性特称描述语由于其描述内容足够充分，符合其描述的个体通常只有一个，一般可以根据其描述内容识别出唯一的一个对象（Puglisi，2014）。比如：the president of the USA in 1986 就是一个完整性特称描述语（Recanati，1986），其描述内容相对充足，使听话人有可能凭借其描述内容识别出相应个体。相对地，the president 就是一个不完整特称描述语，其描述内容相对不足，难以使听话人凭借其描述内容识别出相应个体。完整性特称描述语除了定冠词 the 和单数名词短语外，通常还带有一些用以解释的修饰语。Hawkins（1978）总结了几种这样的特称描述语，比如：

（1）带建立指称对象关系从句的特称描述语（DD with Referent-establishing Relative Clauses）。

这类特称描述语带有一个关系从句，尽管之前未提及相关信息，但关系从句可为听话人建立一个特定的指称对象，而关系从句中提及的事情一般是交际双方都已知的信息或直接情境中的信息，例如：

① a.　The woman Bill went out with last night was nasty to him.

　　b.　The woman was nasty to him.

与① b 中的 the woman 不同，在① a 中，该特称描述语是一个完整描述，它可以帮助说话人建立一个明确的指称对象，也可以帮助听话人更好地识别该指称对象。

---

①　这里的完整性特称描述语专指正确类且严谨性的特称描述语，错误类和松散性的特称描述语将另做讨论。

（2）带名词短语补足语的特称描述语（DD with NP-Complements），这类特称描述语通常有一个补足语来修饰中心名词。例如：

② The fact that there is so much life on Earth amazed Bill.

③ The philosophical aphasic came to the conclusion that language did not exist.

④ Fleet Street has been buzzing with the rumor that the Prime Minister is going to resign.

比起 the fact、the conclusion 和 the rumor 这种不完整特称描述语，名词短语的补足语补充说明了中心名词的特征、状态、身份、动作等，使描述内容相对完整充实。因此，一般来说，即便听话人和说话人在说话前没有共享指称对象的任何信息，他们在交际中也可以很容易地解读出该特称描述语的语义，确定相关完整命题形式。

（3）带关联小句的特称描述语（DD with Associative Clauses）。

所谓关联小句指的是两个物体之间存在关联关系，因而一般会产生相应的属格表达。名词中心词的修饰语同样用以进一步详细说明指称对象。比如与 the car 相关联的事物有：the head、the steering wheel、the seat、the weight 等，因而有相应的特称描述语 the head of the car、the steering wheel of the car、the seat of the car、the weight of the car 等。但是有的事物则与 the car 没有关联，不会产生属格表达形成相应的特称描述语，比如 the dog、the cat 等，一般没有 the dog of the car、the cat of the car 这种说法。

⑤ I remember the beginning of the war Ⅱ very well.

⑥ There was a funny story on the front page of the Guardian this morning.

⑦ I remember the fight during the conflict between Mary and Mike.

带关联从句的特称描述语也并不一定全是属格表达，重点是该特称描述语包含一个触发语（trigger）和带关联照应关系的关联事物。如

13

句⑤所示，the war 是触发语，与它有关联照应关系的关联事物有很多，比如 the fight、the cause、the end、the beginning 等。通常人们用 of 来连接触发语和关联事物，有的时候也可以用介词，因而 the fight during the conflict between Mary and Mike 也算是带关联小句的特称描述语。

（4）带名词修饰语的特称描述语（DD with Nominal Modifiers），该特称描述语的名词修饰语用以突出该短语的特征。例如：

⑧ The color blue is not my favourite.

⑨ I can't stand the name Cherry.

⑩ The number eight is my lucky number.

如果在交际中，我们首次提及就使用了不完整特称描述语 the color、the name 和 the number，这种用法可能就不太恰当。但是如果是带有名词修饰语的特称描述语，其描述内容就是完整的，所以在交际中首次提及时使用 the color blue、the name Cherry 和 the number eight 是比较恰当的。

（5）带最高级修饰语和关系小句的特称描述语（DD with Superlative Modifiers and Relative Clauses）。

有的名词中心词前面用形容词的最高级来修饰，该形容词前面一般会出现定冠词 the，这个名词中心词后面一般还跟有一个关系小句，以此构成一个完整的特称描述语。例如：

⑪ The tallest man in this town was an Icelander.

⑫ The fastest person to sail to America was an Icelander.

这种带最高级修饰语的特称描述语除了有形容词最高级外，其名词中心词后面通常还跟有关系小句或介词短语来进一步修饰限定，否则 the tallest man 和 the fastest person 仍是一个不完整描述。在交际中首次提及时，说话人使用句⑪和句⑫中的特称描述语就比较恰当，但是使用 the tallest man 和 the fastest person 就不太恰当。

2.1.2　不完整特称描述语

不完整特称描述语①指的是"其描述语没有传达足够的描述信息将一个单一个体与其他可能指称到的事物区别开来"（Incomplete definite descriptions do not convey enough descriptive information to isolate a single individual from all of the things that could potentially be referred to）（Nichols，2014）。换言之，特称描述语"the F"的编码的概念内容不完整，提供的描述信息不充分，以至于有很多物体满足其名词短语 F 的描述内容。比如：

⑬ The table is covered with books.

句⑬中的"the table"就是一个不完整特称描述语。世界上有很多张桌子，当人们说"the table"时，其话语没有传达足够的描述信息，满足"the table"描述的桌子太多了，以至于不能将该描述语指称的桌子与其他桌子区别开来。Wettstein（1983）特别指出"使用者用不完整特称描述语，只是用来做指示之用，指称意图中的特定一物，而并不是想将限定独一无二的描述内容赋予它"［one refers to a particular item despite the fact that one has not supplied anything like a uniquely specifying descriptive characterization of it … （incomplete definite description）provides some descriptive information regarding the referent，but not nearly enough to secure reference］。

2.1.3　松散性特称描述语

松散性特称描述语，其"松散性"的命名来源于关联论中所谈到的语言的松散使用（Sperber & Wilson，2001），在这里松散性特称描述语特指含隐喻的特称描述语和含转喻的特称描述语。此外，我们将习语中出现的特称描述语也纳入松散性特称描述语中。尽管 Russell 在讨

---

① 这里的不完整特称描述语专指正确类且严谨性的不完整特称描述语，错误类和松散性的特称描述语将另做讨论。

论特称描述语时并没有提及含隐喻和转喻的特称描述语，但是这些均符合特称描述语 the F 的定义，并在一些语言学家的研究中被零星提及（Powell，2010；Rebollar，2015）。比如：

⑭ Thank goodness, <u>the wilting violet</u> has finally left the room. （Adapted from example（21b）in Carston，1996）

⑮ <u>The saxophone</u> has the flu. （Papafragou，1996）

⑯ Let <u>the cat</u> out of <u>the bag</u>.

尽管完整性特称描述语和不完整特称描述语的分类具有高度概括性和穷尽性，但是我们仍然能发现松散性特称描述语与之前两类特称描述语的区别。在此类特称描述语"the F"中，F 的语言编码与其概念表征没有对应，所以句⑭中语言编码 wilting violet 并不对应现实生活中枯萎的紫罗兰花，句⑮中语言编码 saxophone 并不对应现实中的萨克斯乐器。句⑯是一句习语，the cat 和 the bag 虽然也指猫和袋子，但是并不是直接情境中的猫和袋子，因此也算是松散性特称描述语。

2.1.4　错误类特称描述语

错误类特称描述语①首先由 Donnellan（1966）提出，Hornsby（1977）也举了相同的例子：当说话人看到法庭被告席上被告的怪异表现，说出一句：

⑰ The murderer of Smith is insane.

但实际上，这个貌似疯癫的被告没有杀人，而真正的凶手并不疯癫，且逍遥法外，那么该被告并不符合该特称描述语的描述。因此当说话人或者听话人意图中的指称对象不满足其名词短语的描述内容时，

---

① 错误类特称描述语有好几种说法，Donnellan（1966）和 Neale（1990）等称其为 misdescription（错误描述语或错误描述），Penco（2017）称其为 definite misdescription（特称错误描述语）。本书称其为错误类特称描述语，强调它是特称描述语中的一种。

这类特称描述语被称为错误类特称描述语（Salmon，1991）。

2.2　特称描述语的主要用法

这里将列出特称描述语的主要用法，以下三种用法是哲学家和语言学家讨论最多的，也是学者们公认的特称描述语最突出的三种用法。

2.2.1　特称描述语的属性用法

特称描述语的属性用法（the attributive use）首先由 Russell（1905）提出，随后 Russell 的支持者和绝大部分反对者均支持这一提法（Donnellan，1966；Neale，1990，2004，2005；Reimer，1998a，1998b；Puglisi，2014），即表达形式 the F 是量化词（quantificational），包含该特称描述语的话语表达一个一般命题（general proposition），这一命题是不依赖于物体独立存在的（object-independent）。再以句⑰为例来说，当句中的特称描述语用作属性用法时，Russell 派将上述话语 The F is G 的逻辑形式表达为：

$$\exists x \left[Fx \ \& \ \forall y \ (Fy \rightarrow x = y) \ \& \ Gx \right]^{①}$$

以句⑰为例，有一个 x，那个 x 杀了 Smith，对于所有 y，如果 y 杀了 Smith，则 y 与 x 等同，并且 x 就是疯子。换言之，至少存在一个 F，至多存在一个 F，所有的 F 都是 G。当句⑰中特称描述语用作属性用法时，the murderer of Smith 表明"有且仅有一个杀死 Smith 的凶手"，全句的命题为"有且仅有一个杀死 Smith 的凶手是疯子"。特称描述语用作属性用法时，这个凶手的真实身份不在交际者的考虑范围。根据这个话语的完整命题，当且仅当有这么唯一一个人符合该描述时，也就是说，当存在唯一的一个人杀了 Smith 时，不论他是谁，他是疯子时，

---

① ∃表存在，存在量词；∀表任意，全称量词；→表蕴涵，如果……那么……。

该命题成真。

2.2.2　特称描述语的指称用法

特称描述语的指称用法（the referential use）最开始由 Strawson（1950）提出，后来得到 Donnellan（1966）等人的认可。它是指特称描述语可用于指称特定个体，包含该特称描述语的话语表达一个单称命题（singular proposition），这一命题是依赖于物体存在的（object-dependent）。

以句⑰为例，当这个特称描述语用作指称用法时，句子表达 The F is G 中的特称描述语将选中一个特定个体 x，全句的命题其实是"x 是 G"。句⑰中，the murderer of Smith 可以特指法庭上表现怪异的被告 Jones，交际者意欲表达的是"Jones 是个疯子"。特称描述语用作指称用法时，交际者必须考虑所指称的对象 x。按照"x 是 G"这一命题，x 被说成是 G，当且仅当 x 是 G 时，该命题成真。

2.2.3　特称描述语的类指用法

特称描述语还有类指用法（the generic use），特称描述语这类指称表达被称为类指名词短语（generic NPs）或类型指称性短语（kind-referring NPs）（Puglisi，2014；Nichols，2014）。作类指用法时，特称描述语指称一些类别而非个体，通常这些类别都是规约化的成熟类别范畴。举例来说：

⑱ The panda is territorial.

当这个特称描述语用作类指用法时，句子表达 The F is G 中的特称描述语将选中一个类型 y，全句的命题其实是"y 是 G"。句⑱中 the panda 不特指熊猫个体，而是指熊猫这类动物，交际者意欲表达的是"熊猫类动物标记领土"。

　　值得一提的是，除了以上三种用法①，特称描述语还可位于表语位置，一些学者将之称为表语用法（the predicative use）（Fara, 2001; Ramachandran, 2008; Puglisi, 2014）。特称描述语处于表语位置时，一般用于说明主语的身份、性质、品行、特征和状态等。举例来说：

⑲ Shakespeare is <u>the greatest English playwright</u>.

　　当这个特称描述语用作表语用法时，句子表达 G is the F 中的特称描述语将指称一种属性，全句的命题其实是"G 具有 F 的属性"。句⑲中，the greatest English playwright 并不特指一个人，都是指"最伟大的英国剧作家"这一特征或属性，全句命题是给莎士比亚赋予"唯一一个最伟大的英国剧作家"这一属性或特征。与其他三类用法的灵活位置不同，表语用法使用位置特殊，这类用法并不在本研究的讨论范围之内。

2.3　特称描述语研究的哲学渊源

　　在特称描述语哲学研究的百年拉锯论战中，贡献突出的三位哲学家分别是 Russell、Strawson 和 Donnellan。为修补意义的指称论并解决四大哲学难题，Russell 在 1905 年发表了《论指谓》（*On Denoting*）。他率先强调特称描述语的重要性，并由此引发了哲学界和语言学界的热烈讨论。通过逻辑分析的工具和方法，他指出产生"存在悖论"等困惑的原因是人们错误地认为特称描述语这样的指谓短语（denoting phrase）具有"指称"这一功能。通过逻辑分析，Russell 指出指谓短语只不过是量词（如 all、some 和 the）和命题函式（如 x is a number）的集合，是一个不完整符号，等待某个个体常项 C 来满足它，因而特

---

① Rouchota（1992）、Powell（2001）和 Puglisi（2014）指出特称描述语应还有特别用法（the specific use）和功能用法（the functional use），但其用法比较边缘化，且学者们对这种分类有争议，在此暂不列出。

称描述语不是指称词（referring term）。针对特称描述语，Russell（1905）举例并分析：

⑳The father of Charles Ⅱ was executed.

a. There is an F.

b. At most one thing is F.

c. Something that is F is G.

可以得出：句 a 存在一个人生了查理二世；句 b 至多有一个人生了查理二世；句 c 生了查理二世的人被处以死刑。对该特称描述语改写的重点是，原句中的主语"查理二世的父亲"消失了，取而代之的是一个存在量词"有且仅有一个"和一个新的谓词"是查理二世的父亲"，这个新的谓词和原有的谓词"被处以死刑"具有同样的逻辑身份。通过这样解释特称描述语及其他指称，描述语理论声称解决了四大哲学疑难问题：第一，空名问题（empty names）。第二，存在表述（existence statements）。第三，同一性陈述（identity statements）。第四，晦暗语境（opacity）（丁言仁，2009）。Russell 所代表的逻辑实证主义强调指谓和指称的区别，认为指谓是表达（如特称描述语）与任何满足语义表达成分条件的事物之间的关系，指称是表达（如她、这个）和所指代对象之间的一种规约化关系。Russell 进一步指出特称描述语谈的是指谓关系，特称描述语的属性用法独立于物体存在。

英国哲学家 Strawson（1950）撰写《论指称》（On Referring）否定描述语理论的逻辑分析，特别是对 Russell 规定的特称描述语语义提出挑战。他认为命题能否判断真假，以及一般命题和单称命题的区别，不是由语言表达独立于语境的语义属性所决定的。具体到特称描述语，Russell 规定的语义无法用以判断命题的真假。他指出，Russell 的分析存在一个缺陷，即没有把语词或语句本身与语词或语句的使用区别开来。Strawson（1950）总结道，"提及或指称是一个表达使用的特征，正如关涉性和真或假是一个句子使用的特征"（Mentioning, or referring to, something is a characteristic of a use of an expression, just as "being about" something, and truth-or-falsity, are characteristics of a use of a sentence）。也就是说，语句本身不论述特定的对象，因此语句本身没有真假，只有在特定语境下使用某个语句来指称某一事态时，语句才有所谓的真假之分。Strawson（1950）认为特称描述语是一种指称表达，而表达本身无法指称，是使用该表达的人在指称，因此指称是说话人、使用表达、听话人及指示物之间的四元关系。Russell 将指称简化为二元语义关系，即表达与任何满足语义表达成分条件的事物之间的关系，用这种方法分析特称描述语是有问题的。"The King of France is wise"中并没有断言有一个且仅有一个法国国王存在，而只是说话人预设了一个满足该描述语的实体存在。如果没有法国国王的存在，那么这个句子违反了排中律，即该句子既不真也不假，存在一个真值空缺（truth value gap）。简而言之，特称描述语语义上是指称的，它的使用还涉及预设这一语用现象。Strawson 赞成在语境中解决特称描述语的意义和指称问题，他（1950）还指出 "Aristotle 和 Russell 的规则并不能展示日常语言表达的真正逻辑，因为日常语言本身没有逻辑可言"（Neither Aristotelian nor Russellian rules give the exact logic of any expression of ordinary language; for ordinary language has no exact logic）。此外，Strawson（1950）还强调特称描述语中名词短语的作用，他认为 Russell 只聚焦定冠词的语义，忽视了 F 的重要性，而特称描述语中名词短语所提供的语义信息恰恰对确定指称、限定唯一性起着重要作用。

　　尽管 Strawson 和 Russell 的观点几乎针锋相对，但美国哲学家 Donnellan（1966）试图吸纳两者的合理之处，提出一种更全面完善的观点。Donnellan 认为特称描述语有两种用法：一种以 Russell 理论为中心，强调属性用法（attributive use）；另一种以 Strawson 理论为中心，强调指称用法（referential use）。作属性用法时，交际者把某种特性或事情归属于某个符合该特称描述语的人或物；作指称用法时，交际者用这个特称描述语识别出某个人或物。虽然 Donnellan 的二分法具有兼容性和创新性，但在 Donnellan 的文章里，似乎仍有两个要点不清楚：其一，没有明确指出属性/指称的区分是一个语义问题，还是一个语用问题①；其二，对一个人来说，想象某个事物意味着什么。

2.4 特称描述语的语义研究

鉴于所处哲学立场的不同，特称描述语的研究分野出三大学派，即 Russell 派、Strawson 派和 Donnellan 派。必须指出的是，本书研究的不再是纯语言哲学问题，而是要探讨不同语言哲学立场的语言学家的观点。Russell 将特称描述语当作纯逻辑问题进行分析，为了服务于逻辑分析，将特称描述语的语义形式化，这一点无可厚非。本书不在语言哲学的领域讨论特称描述语，而是要探讨追随不同哲学流派的语言学理论对特称描述语语义的分析。总体来说，Russell 派坚持形式语义学的传统（formal-semantics tradition）（Sullivan，2012），Strawson 派强调语用学特征，而 Donnellan 派强调语义和语用结合。在特称描述语的语义研究、语境作用研究和理解机制研究这三方面，这三大派从自身视角和立场出发作出了相应的分析。

在特称描述语的语义研究上，特称描述语的属性/指称两种用法得到大多数学者的认可，但对于该用法是否与语义相关，研究者由于所处哲学阵营不同，看法也大相径庭。学者们主要关注 4 点：①属性/指称之分是否在语义层面？属性/指称之分是否是真值条件之分？换言之，其区分是否会影响句子完整命题的生成，影响话语的真值条件？②特称描述语是否存在语义歧义？（Powell，2001）③定冠词 the 编码意义是什么？④特称描述语的编码意义是否能决定特称描述语的语义？

Russell 派认为，特称描述语属性/指称之分不在语义层面，其属性/指称之分不是真值条件之分，也就是说，当话语中特称描述语用于

---

① Donnellan 首先提出特称描述语指称和属性用法的区别，认为两种用法会影响命题的真值，但是对于这两种用法是否在语义层面却态度含糊。"（It does not）seem at all attractive to suppose an ambiguity in the meaning of the words；it does not appear to be semantically ambiguous. Perhaps we could say that the sentence is pragmatically ambiguous：the distinction between roles that the description plays is a function of the speaker's intentions."（Donnellan，1966）

指称用法和属性用法时，其话语的真值条件相同。特称描述语不存在语义歧义，其唯一语义是属性语义，指称意义是其在语用层面产生的意义（Grice，1969；Kripke，1977；Searle，1979；Bach，2004，2007；Neale，1990，2005；Lepore，2004；Salmon，2004）。Bach（2004）甚至指出"如果不能掌握其字面量化意义的话，人们就不能理解一个特称描述语的指称用法"（One cannot understand a referential use of a definite description without grasping its literal，quantificational meaning）。为解释特称描述语没有语义歧义，Russell 派利用"奥康姆剃刀"原则（Occam Razor），指出既然语用可以解释指称用法，就无须给特称描述语增加指称语义。特称描述语 the 的编码意义就是"有且仅有一个"。名词短语的编码意义直接组成特称描述语语义的一部分，所以 the F 的语义就是属性语义"有且仅有一个 F"。属性语义是脱离语境独立存在的，它促进生成一个独立于物体的一般命题。

　　Strawson 派认为特称描述语具有指称语义，因而又被称为指称派（referentialist）（Wettstein，1981，1983，1986；Von Fintel，2004；Elbourne，2005，2013）。支持指称语义说的学者们有的追随 Donnellan，认为属性/指称语义并存。有的则强调指称语义的唯一性，新 Strawson 派应运而生（Ramachandran，2008；Elbourne，2005，2013；Nichols，2014）。新 Strawson 派也认为属性/指称用法之分不在语义层面，其属性/指称之分不是真值条件之分。特称描述语也不存在语义歧义，其唯一语义是指称语义。Wettstein（1981，1983，1986）将 the F 中的 the 视为指示词（demonstrative）that，the F 等同于 that F，具有纯指称语义。Ramachandran（2008）认为特称描述语主要有指涉用法（referring use）和谓词用法（predicative use），不存在属性/指称用法之分，因为属性用法也是一种指涉。Elbourne（2013）亦认为特称描述语基本上是指称性的，同时引入预设，指出特称描述语可以预设满足名词性描述内容的唯一实体。Nichols（2014）也对特称描述语做统一的纯指称解释，特称描述语的语义内容就是指称，包括指称个体和类型，属性用法这种窄辖域用法（narrow-scope use）其实是在指称类别。可见，新

Strawson 派对特称描述语的语义有以下共识：第一，属性/指称之分不在语义层面；第二，特称描述语不存在语义歧义；第三，特称描述语的语义是其指称的对象，包括指称个体和类型。对于特称描述语定冠词的编码意义，有的学者认为等同于 that，而有的学者则语焉不详。对于特称描述语的编码意义是否能决定特称描述语的语义，学者们没有详述。

Donnellan 派认为属性/指称用法之分是在语义层面，特称描述语具有属性/指称两种语义（Reimer，1998a，1998b；Devitt，2004，2007；Rouchota，1992；Recanati，1993；Bezuidenhout，1997；Powell，2001；Puglisi，2014；王晋瑞，2015）。作属性用法时，说话人传达任何一个能唯一满足该描述的语义内容；作指称用法时，说话人传达关于头脑中一个特定物体的语义内容。因此特称描述语既有量化属性意义（quantificational attributive meaning），又有指称意义。但是在特称描述语是否有语义歧义上，Donnellan 派看法不一。有的认为既然存在属性/指称语义之分，那么特称描述语必然存在语义歧义（Devitt，2004，2007）。而语境论者认为只要对话语的逻辑形式表征进行语用充实就能获取话语内容，因而在所言层面特称描述语是语义确定的（univocal），不存在语义歧义（Powell，2001）。对于定冠词 the 的编码意义，关联论者认为 the 只具有程序意义（procedural meaning）。该程序意义引导听话人触发一个个体概念（individual concept）。特称描述语的编码意义具有不确定性（linguistic underdeterminacy），不能独立决定特称描述语的语义，整个特称描述语的语义是一个个体概念。该个体概念有描述（descriptive）和从物（de re）之分，进而有了属性和指称语义之分（Rouchota，1992；Bezuidenhout，1997；Powell，2001；Puglisi，2014）。而默认语义论的支持者强调层次极简原则，没有详述特称描述语的编码意义。

除了这三大派在属性语义和指称语义上的分歧外，有的学者另辟蹊径，指出特称描述语实际上全都具有表语语义，the F 表明 [∃x：x is the F]，即存在一个 x，x 就是 the F（Fara，2001）。而特称描述语用作类型指称的情况也只是被零星提及（Puglisi，2014）。

综上所述，三大派在属性语义是否是其唯一语义上存在分歧：Russell 派认为属性语义是其唯一语义，决定真值条件，两者之分不是真值条件之分。Strawson 派认为特称描述语不仅包括属性语义，还更应包含指称语义，有的甚至认为指称语义是其唯一语义。指称语义构成话语真值条件的一部分。Donnellan 派认为特称描述语包含属性和指称两种语义，两者之分是真值条件之分。有的认为存在语义歧义，而语境论认为不存在语义歧义。相应地，在特称描述语编码意义的作用和地位上，Russell 派认为定冠词编码"有且仅有一个"，语言编码直接促成语义生成，特称描述语 the F 的语义为"有且仅有一个 F"。Strawson 派中有的认为定冠词等同于 that，有的学者则对语言编码的作用语焉不详。Donnellan 派中的语境派认为定冠词 the 具有程序意义，语言编码只能部分决定特称描述语的语义，the F 的语义是一个个体概念。

2.5　特称描述语的语境作用研究

对特称描述语的语言编码起什么作用以及语义是什么，学者们看法不一。在谈论语境对特称描述语的理解产生什么作用时，三大派的观点也分歧较大。Russell 派认为语境的作用不在特称描述语语义层面，只在语用层面，因而依赖语境的语用分析根本与语义没有关系（Sullivan，2012）。他们强烈捍卫属性语义唯一的立场，属性语义是脱离语境独立存在的，它传递的是独立于物体的一般命题。指称用法可以用格赖斯和新格赖斯原则来解释，因为这是语境中产生的含意（Bach，1987；Kripke，1977；Neale，1990，2004；Salmon，1982，1991；Gisborne，2014）。Neale（1990）专门区分了语境在纯索引词（I、you、now、here）、指示代词（this、that）和特称描述语理解中的作用。纯索引词和指示代词的语义确定必须有情境参与，即说话人、听话人、说话时间和地点，而特称描述语则无须语境就可确定语义。Neale 承认属性/指称之分必须有语境参与解释，但坚持认为特称描述语语义上是属性的，在这一层面无须语境介入。说话人使用特称描述语来指称时，所表达的依赖于物体的命题是其交际意图。而提出极端语义最简论的 Bach 更是区分了宽语境和窄语境，窄语境只涉及用语言信息来决定语义内容。宽语境是听话人为识别说话人交际意图而考虑的任何信息，包括说话人和听话人的身份、言语的时间和地点等。语义学只研究窄语境中的语法形式，最小语义与命题、真值条件无关，特称描述语的语义只能由编码的语义内容决定。

Strawson 派和 Donnellan 派认为在真实语言交际中，语境极大地影响了特称描述语语义的确定。他们挑战 Russell 派的观点，认为指称不是表达和指示对象之间简单对应的二元语义关系。Strawson 派、Donnellan 派，特别是其中的语境论者（Recanati，1986，1989，2004；Jaszczolt，2005）认为指称是一种依赖语境的四元关系，包含说话人、表达、听话人和指示对象，即一个说话人使用一种表达向听话人提及某一指示对象。语境论还认为特称描述语的语言编码意义是不确定的（linguistic underdeterminacy），也就是说，说话人表达的命题和句子的编码意义之间存在空缺，所以必须对话语的逻辑形式表征进行语用充实才能获取完整命题内容，判断话语真假。在语义层面，必须有语境的介入才能确定语义。语境论者所定义的语境也不再是 Russell 派所定义的传统语境，而是一个心理建构体，是听话人对世界相关假定的子集。因此，在 Strawson 派和 Donnellan 派看来，在语言表达中，脱离语境的语言编码并不能决定属性/指称之分，其重要影响因素应该是语境。Strawson 派和 Donnellan 派的观点也显示了指称理论的语境化过程，透视出人们语境观念转化的过程（崔凤娟、王松鹤，2018）。

2.6　特称描述语的理解机制

围绕特称描述语的理解机制问题，分属语言哲学正统派和日常语言学派的哲学家和语言学家有不同看法。Russell 派解释其理解机制时，主要诉诸格赖斯理论，即言语行为理论和隐藏索引理论。Russell 派认为特称描述语并不直接指称指示对象或名称承载者（bearer of a name），而是通过名称承载者满足与名称相关的描述来间接指称（丁言仁，2009）。Grice（1989）的所言/所含之分可以解释属性/指称之分，格赖斯理论和新格赖斯理论均可解释指称用法。换言之，"有且仅有一个 F"是所言，对不完整描述语或错误类描述语的解读，可以通过违反量准则、质准则及关系准则等推导出指称义这一会话含义（Neale，1990）。

此外，Russell 派认为属性/指称之分亦可用言语行为理论解释。Searle（1979）试图弥补 Russell 研究的不足，提出主要行事行为（primary illocutionary act）和次要行事行为（secondary illocutionary act）。次要行事行为由字面义表达，主要行事行为通过次要行事行为实施。属性用法这种字面意义解读是说话人的次要行事行为，指称用法这种非字面意义解读是说话人的主要行事行为。他还提出簇描述语理论（theory of cluster descriptions）来解释不完整描述语和错误类描述语，特称描述语所面临的描述语选择标准问题可用簇描述语来解决。尽管特称描述语用以指称的对象不能完全满足描述，但是会在某部分满足其描述。极端语义最简论（radical semantic minimalism）的支持者 Bach（2004，2007）用言语行为广义论（general theory of speech act）（Bach，1983）解释两者之分。该理论结合了 Grice 的自身意图（reflexive intention）和 Searle 的言语行为，认为特称描述语的指称用法是间接行事行为，属性用法是指事行为。与 Kripke 和 Searle 不同的是，Bach 认为属性/指称之分真正存在且非常重要。

除了会话含意及言语行为以外，Russell 派还用描述语的隐藏索引理论（the hidden indexical theory of descriptions）解释不完整描述语（Neale，1990；Schiffer，1995）。根据该理论，"the table"可以扩充为"the table under the window in this room"以此确定唯一性，说话人暗含了语境信息来补充其清楚表达但形式不完整的描述语。既然描述语可以补充完整，那么仍可以用"有且仅有一个 F"统一语义来解释。在提出相关理解机制的同时，Neale（1990）批评了 Recanati 等语境论者给出的解释，认为"既然可能表达的是两个完全不同类型的命题，我看不出如此灵活的一个理论如何假定不会有一个语义歧义"（Since two utterly distinct types of proposition may be expressed, I fail to see how a theory with such flexibility can fail to be a theory that is postulating a semantic ambiguity）。

新 Strawson 派主要用 Strawsonian 前提条件理论（Ramachandran，2008）、情境语义学（Elbourne，2013）和指称语义学（Nichols，2014）来解释其理解机制。前提条件理论指出，特称描述语作指涉用法时并不存在预设，而是为了使该话语能表达命题，必须满足该物体在相关语境中存在这一前提条件（precondition）（Ramachandran，2008）。Elbourne（2013）认为形式语义学理论框架完全可以解释特称描述语，只要引入情境代词（situation pronouns）就可解决属性/指称用法之分。然而，在复杂的形式化逻辑推导中，Elbourne 对于情境到底是如何放大和缩小的却语焉不详。Nichols（2014）将特称描述语作统一的纯指称解释（a uniform, purely-referential account），其中作属性用法和表语用法的特称描述语其实是指称类别。

Donnallen 派多采用语境论的视角来看待属性/指称用法之分，在探讨特称描述语的具体理解机制时，他们又诉诸不同的理论。其中，不少学者采用关联论的分析框架，认为语言编码必须经过语用充实才能确定特称描述语的意义，也就是说，通过语用推理得到显义（explicature）后才有可能获知命题内容，但是他们在具体分析中又有所差异（Rouchota，1992；Bezuidenhout，1997；Powell，2001；Puglisi，2014）。Recanati（1989，1993）提出意义三层说和提喻理论来解释特称描述语的理解机制。Jaszczolt（2005）用默认语义论来解释相关机制。Capone（2011a，2011b）采用心智理论统领下的关联默认解释机制来分析特称描述语。

用关联论解释特称描述语的理解机制是一大主流。Rouchota（1992）

率先使用关联论解释特称描述语的两种意义，指出属性/指称解读都属于显义层面的解读，由部分的语言输入碎片发展而来，其相关编码语义是不确定的。这一观点与之前沿用 Grice 的所言和所含来解释区分的做法大相径庭。随后更多关联论者加入讨论，并细化其理解机制：属性/指称解读在显义（明说）这一层次完成，定冠词 the 只包含程序意义（procedural meaning），程序意义指向不同的个体概念，听话人遵照最佳关联提取相关语境假定确定语义（Rouchota，1992；Bezuidenhout，1997；Powell，2001；Puglisi，2014）。其中 Puglisi（2014）对关联论做了一些细则补充，试图解释特称描述语的所有用法，包括类指用法和表语用法。但是关联论者（Rouchota，1992；Powell，2001；Puglisi，2014）只聚焦完整性特称描述语的属性/指称解读，没有再深入讨论不同类型的特称描述语在不同用法时的解读。

除关联论外，不少语境论者提出自己的理论框架。其中，Recanati（1989，1993）提出两种理论解释特称描述语。在第一种二维理论（two-dimensional theory）中，意义被划分为三个层次，即语言意义（linguistic meaning）、所言和所含。特称描述语的加工过程分两个层次，第一层次是句法加工产出话语的逻辑形式表征，在这一层次描述语总是被表征为属性语义；第二层次是所言，在这个命题层面，语境参与加工后确定属性或指称语义。他认为 Russell 只聚焦了第一层意义，而忽视了所言。在第二种提喻理论（synecdochic theory）中，Recanati（1993）不再依赖 Russell 的语义分析，而是认为特称描述语表达了一个描述概念（descriptive concept），即唯一一个 F 的概念。如果不作属性用法，那么描述概念会通过提喻迁移（synecdochic transfer）的语用过程指向从物概念（de re concept），于是听话人明白说话人表达了一个依存于物体的命题。Vignolo（2012）也支持语境论，但是对 Recanati 的解释提出异议，认为有解释上的空缺（explanatory gap）。他认为特称描述语语义内容的确定是基于饱和化，由语言驱动的强制过程，而非可选的语用过程。

此外，有的语境论者用默认语义论进行解释。Jaszczolt（2005）用默认语义论来解释特称描述语的理解机制。特称描述语具有默认指称解读（default referential reading）、非默认指称解读（non-default referential reading）和属性解读（attributive reading）三种。与 Recanati 等人不同的是，Jaszczolt 指出特称描述语存在优先的、默认的指称解读，而非属性/默认解读并重。Keith（2010，2011）亦认可默认语义的存在，赞成用 Jaszczolt 的默认语义论来解释特称描述语的理解机制，但是他提出几点修正：①鉴于很难分清默认语义论中的认知默认和有意识的语用推理，建议将这两类合并为语用推理；②属性语义才是优先默认的语义；③默认语义论可用于解释专有名词等的理解机制。Capone（2011a，2011b）基本支持 Jaszczolt（2005）的观点，认为特称描述语的指称用法是其默认解读，属性用法需要语用充实。但是他提出在心智理论的统领下融合关联论和默认语义论，认为人脑存在读心模块（mind-reading module），下面有两个并列的子模块是默认模式和关联机则，特称描述语的意义处理先进入默认识解（基于重复记忆），默认处理不了就进入关联机制，确定其属性用法。Capone 的理论建构遭到张延飞和张绍杰（Zhang & Zhang，2017）的反对，他们认为默认语义和显义并不能相提并论。Jaszczolt（2015，私人交流）本人也认为无须在心智理论下合并两个理论。鉴于关联论本来就是一个抽象包容性强的认知理论，完全可以在关联论的统一理论框架下探讨话语所言部分理解中的默认推理。

除了以上这些学者关于特称描述语理解机制的研究以外，王寅（2012）也关注到了与特称描述语相关的指称现象。他回顾了语言哲学领域的"摹状论"和"因果论"，认为两种理论各有利弊。他提出命名转喻论，"人们总是基于人或物的某一特征，采取'择其一而概其全'的方法来为人或物命名"。他认为该理论结合了"摹状论"和"因果论"之长，可以全面解释命名问题，解释语义是如何与其所指对象联系起来的。虽然他是在解释命名活动，但是其研究对特称描述语的理解机制有所启示。

综上所述，围绕特称描述语的属性/指称用法之争，本书梳理了主要代表人物的观点，以明晰他们的分歧，如表 2 - 1 所示：

表 2 - 1　关于特称描述语的属性/指称用法的各派观点表

哲学流派	代表人物	属性/指称之分是语义差别	语义歧义	语境是否作用于语义层面	The 的编码意义	语义	理解机制	研究性质
Russell 派	Searle	否	否	否	有且仅有一个	属性语义	言语行为	语义研究
	Grice	否	否	否	有且仅有一个	属性语义	所言/所含之分，合作原则	
	Bach	否	否	否	有且仅有一个	属性语义	言语行为广义论	
	Salmon	否	否	否	有且仅有一个	属性语义	所言/所含之分	
	Neale	否	否	否	有且仅有一个	属性语义	隐藏索引理论	
Strawson 派	Rama-chan-dran	否	否	是	不详	指称语义	Strawsonian前提条件理论	语义研究
	Elbourne	否	否	是	不详	指称语义	情境语义学	
	Nichols	否	否	是	指称个体	指称语义	指称语义学	

（续上表）

哲学流派	代表人物	属性/指称之分是语义差别	语义歧义	语境是否作用于语义层面	The 的编码意义	语义	理解机制	研究性质
Donnel-lan 派	Devitt	是	是	是	有且仅有一个/指示词 that	属性/指称	因果情境化	语义研究
	Recanati	是	否	是	有且仅有一个	属性/指称	二维理论提喻理论	语义—语用界面研究
	Rouchota Powell Bezui-denhout Puglisi	是	否	是	程序意义	属性/指称	关联论	
	Jaszczolt	是	否	是	不详	属性/指称	默认语义论	
	Capone	是	否	是	不详	属性/指称	心智理论统领下的默认—关联论	

2.7　研究评价

鉴于研究目的和哲学立场的不同，Strawson 和 Donnellan 对 Russell 的批评存在一定偏差。Russell 的描述语理论旨在逻辑学的框架下解决四大哲学难题，对语言处理难免有许多强制性的成分，其理论及其引发的争论从某种程度上开启了哲学的"语言转向"。"我们既不能从语用学和认知学眼光和标准去责难它、贬低它，也不能忽视其逻辑哲学

32

的研究思路和方法。"（杨雪芹，2010）因此这三大派的观点均有道理，不过只是看到了问题的不同方面，我们只有结合三大派的长处方能更深刻地认识特称描述语现象。

通过梳理特称描述语研究的不同观点和分歧，可以看出，在特称描述语研究的拉锯战中，随着学科的进展、认识的深入，各派研究呈现出一定趋势和变化，但也存在一些问题。

首先，语言编码特别是概念编码在特称描述语理解中的作用及参与方式尚不明确，还有待进一步探讨。在语义层面上，Russell 派所坚持的形式化语义分析受到了 Strawson 派和 Donnellan 派的挑战，其争论焦点在于特称描述语语义内容由什么决定。为了逻辑哲学的目的，Russell 用摹状词理论将自然语言人为地抽象化、形式化和逻辑化。Russell 派坚持属性/指称之分不在语义层面，定冠词 the 编码"有且仅有一个"，与名词性短语的编码语义一起就可促成特称描述语的量化属性语义。从日常语言的视角出发，Strawson 派和 Donnellan 派坚持"意义即应用"的观点，强调特称描述语在实际生活中的使用和意义。日常交际中特称描述语的指称用法远多于属性用法，该用法应该与话语的真值条件有关。其中指称派认为其编码语义重要性不大，描述语同样具有指称语义，指称语义甚至是其唯一语义；语境派坚持编码语义对属性语义和指称语义的确定皆有一定作用。因此，语言编码在特称描述语理解中的作用及参与方式还有待进一步探讨。

其次，语境在特称描述语理解中的作用仍是各方争论的焦点，而且其参与方式值得探讨。文献回顾显示，在认知语境范畴下讨论特称描述语的意义识解将是一大趋势。Russell 派最初只在孤立语境下研究特称描述语的形式语义，比较缺乏对真实语境中特称描述语的关注。但是随着 Strawson 派和 Donnellan 派的加入，在扩展的语境中，不同类型的特称描述语如不完整特称描述语、错误类特称描述语等在转述、对话等语境下，其意义处理变得复杂多变，不能简单地用属性语义一言概之。此外，对于语境将在哪个层面参与特称描述语的理解，各派看法不一。最简论者认为语境作用不在特称描述语语义层面，只在语用层面，因而语义划分和依赖语境的语用分析根本没关系。语境论者认为语境是确定特称描述语语义的重要因素。特别值得注意的是，语境分析的方法经历了演进过程，"已从语言语境—即上下文，经由二元化—语言语境和非语言语境，三元化—语言语境、物理语境和共享知识，走向多元化（世界知识、集体知识、特定知识、参与者、正式程度及媒体等）的趋势"（胡壮麟，2002）。既然人们对于语境的认识已发生深刻变化，那么将认知语境引入特称描述语研究，考察其在所言层面如何进行语用充实，将符合当今学界的语义—语用界面研究趋势，可推动特称描述语研究的发展。因此，本研究仍需通过实证探讨语境在特称描述语理解中的作用。

再次，对特称描述语的理解机制存在较大分歧，仍需进一步探讨不同类型特称描述语的理解机制。随着语用理论的发展以及人们认识的深入，日渐兴起的语境论者提出的理解机制对 Russell 派提出挑战。Russell 派主要依靠格赖斯理论和新格赖斯理论等解释特称描述语的理解，然而这些语用学理论，尤其是其中所言/所含的划分早已受到后格赖斯主义的批判和修补，因此 Russell 派提出的理解机制遭受一定的质疑。后格赖斯主义，如关联论、默认语义论等，一定程度上解释了特称描述语的理解。但是对于语言编码和语境是如何共同作用确定其不同语义的，仍缺乏理论阐释和实证研究的支持。此外，Russell 派提出的理解机制聚焦属性/指称用法，几乎没有涉及特称描述语的其他用法，如类指用法和表语用法。关联论者尝试在一个理论框架下解释特称描述语的所有用法。Wilson（2016）指出新格赖斯主义致力于词汇收缩（lexical narrowing）而没有去解释隐喻或夸张；哲学家们和文学研究者关注隐喻和夸张而没有去解释近似（approximation）或收缩；语义学家和逻辑学家关注近似而没有去解释隐喻或夸张。而基于关联论的词汇语用学致力于在同一理论框架下对多种语言现象提供统一的解释。因而如何从后格赖斯主义的理论视角审视这一语言现象，提出新的理解机制并证明其可行性是特称描述语研究的另一大趋势，也是本研究亟待解决的问题。

最后，从方法论上看，理论思辨法仍是主流，缺乏实证研究验证各种抽象的理解模式。尽管有的学者们尤其是语境论者已开始试图验证一些理论假设，但是相关实证研究仍比较匮乏。Russell 派认为语言表达和指示物之间是二元对应关系，因而在形式语义学领域做了大量研究，尝试用符号和公式来精确定义和解释特称描述语的语义。Strawson 派和 Donnellan 派研究的是说话人、使用表达、听话人及指示物之间的四元关系，其各种意义划分模式及理论框架必定有意图性的参与。有的关联论者补充细则，力求对关联性进行对比评估，以此证明理论框架的解释力。除了可能在世界语义学范围内对特称描述语的理解问题进行理论思辨，还可以进行实验，找出人们识解特称描述语的实际过程。

综上所述，自从 Russell 强调特称描述语的重要性以来，在这长达一个多世纪的研究拉锯战中，相关的争论可谓是"军阀混战"，至今难以看到"胜利的曙光"（陈晓平，2012a）。通过梳理相关文献，针对现有研究的贡献和不足，本研究将沿着语言编码和语境作用及参与方式以及理解机制之实验证据这三个维度展开特称描述语理解的语用认知研究，找出语言编码和语境是如何影响特称描述语语义的确定，同时在研究方法上向实证研究靠拢。

第 3 章

理论框架

本章节将首先回顾语义学与语用学分界的新方案，接着在回顾后格赖斯主义学派的两大理论——关联论和默认语义论的基础上，评析两大理论的不足并探讨两者的共性和差异，并尝试融合这两个理论，建构关联统领下涵盖默认语义的话语解读模式，希冀新的解读模式可以为特称描述语理解提供语用认知视角的解释。语义学与语用学分界的新方案摒弃了 Bach 和 Levinson 倡导的意义三层说，坚持所言和所含的意义划分两层次说，并重新界定了语义学和语用学的研究内容，强调研究话语所言部分理解中体现不同默认程度的语用充实。关联论和默认语义论在所言方面的看法与该分界新方案基本保持一致。因此本章基于新方案关于所言和所含的划分，尝试融合关联论和默认语义论，进一步探索相应理论框架。具体内容如下：3.1 节为语义学与语用学分界的新方案，3.2 节为关联论，3.3 节为默认语义论，3.4 节为关联统领下涵盖默认语义的话语解读模式，3.5 节为本章小结。

3.1　语义学与语用学分界的新方案

语义—语用界面研究发端于哲学、逻辑学及符号学领域对意义定义的争议。以 Russell 为代表的语言哲学正统派认为语义、语用两者的界限泾渭分明，语义学研究字面意义，语用学研究言语行为（Sullivan，2012）。Strawson（1950）强调在语境中解决特称描述语的意义和指称问题，开启了指称相关理论向语用方向的转向。

日常语言哲学的代表人物 Grice[①]（1969）将会话交际内容分为所言（what is said）和所含（what is implicated）并坚持语义、语用的截然二分。但由于区分标准的模糊性和意义加工机制的争议性，引发了对语义—语用界面的研究。这包括以 Horn 和 Levinson 为代表的新格赖斯语用学和以 Sperber、Wilson、Bach、Recanati、Carston、Jaszczolt 等为代表的后格赖斯语用学。众多学者的研究主要分野出两大阵营：最简论

[①]　Grice 虽是日常语言学派的领军人物，但是在特称描述语的语义问题上一直坚持 Russell 派的立场，认为属性/指称语义之分是所言和所含之分。

（minimalism）（Borg，2004；Bach，2004；Cappelen & Lepore，2005）和语境论（contextualism）（Recanati，1994，2004；Levinson，2000；Jaszczolt，2005，2006；Carston，2008）。这两大阵营在阐释语用内容与语义内容是如何相互作用上的观点截然不同。

针对学者们在核心问题上的分歧，如所言的范围、语用充实内容的学科归属、意义表征层次的数量问题等，陈新仁（2015）在评估了几种主要方案后，进一步区分不同加工性质和默认程度的语用充实，借鉴框架理论，扩展"空位"概念，扩展语义学范围以纳入充实内容，同时限定所含的范围，从而提出一种新方案。具体如下：

第一，维持意义两层次说，即意义分为所言/所含两层。所言包括语言解码获得的意义以及语用充实获得的意义，而所含仅指（Grice 所指的）特殊会话含意。

第二，区分涉及不同认知加工方式、具有不同默认程度的语用充实，主要包括：①空位充填；②语义调整，包括概念弱化、语义迁移（包括隐喻和转喻）、语义缩放（包括概念收缩和概念扩展），以及模糊概念清晰化或清晰概念模糊化；③变项设置（如确定指称、解除歧义）。

第三，重新界定语义学和语用学的研究内容。语义学与语用学的区分标准不再是推理。语义学可区分为解码语义学和推理语义学，后者专门研究话语所言部分理解中体现不同默认程度的语用充实（从术语使用来看，也许称为"语义充实"更好），以获得话语的完整逻辑形式，即关联理论所讲的显义，考察这一显义如何反映语言符号与外部客观世界之间的关系。

在语义学与语用学的分界问题上，这一新方案显得更加符合语言直觉，且更具理论描写充分性和简明性。在分析特称描述语的意义中，本书将以该语义学与语用学分界新方案为指导，讨论特称描述语在显义层面的意义加工处理，进一步"区分涉及不同认知加工方式、具有不同默认程度的语用充实"（陈新仁，2015），为特称描述语的理解提供语用认知解释。

3.2　关联论

Sperber 和 Wilson（1995，2001）所提出的关联论继承和发展了格赖斯语用学中的两大核心思想：人类无论是进行言语还是非言语交际，其关键特点是表达和识别意图（Grice，1989）；话语自动产生期望，这些期望引导听话人获取说话人所表述的意义（Grice，1989）。但是关联论绝不是将 Grice 合作原则的四大准则简单缩减为关联这一条关系准则。其关联原则既不是人们为了交际顺畅就必须知道或学习的原则或准则，也不是交际中说话人遵守或者违反的准则，"它无一例外地概括了人类的交际行为即明示—推理交际模式"（It is an exceptionless generalization about human communicative behavior. The principle of relevance is a generalization about ostensive inferential communication）（Wilson & Sperber，1992；Sperber & Wilson，2001）。关联论主要可概括为以下四大要点（Wilson，1994）：①"句子的编码意义与同一语境中的不同解读是兼容的"（The decoded meaning of the sentence is compatible with a number of different interpretations in the same context）；②这些解读可以用可及性来区分等级；③听话人依赖一条有力的标准来选择最适合的解读；④这一标准使得人们可以从众多可能的解读中选择出一个解读，当这第一解读与意图中的解读一致时，听话人就会停止解读。下面将从交际模式、关联性、关联原则、语境、显义和含意、临时性概念、概念意义和程序意义、话语理解过程这几方面介绍关联论。

3.2.1　关联论的总体原则

在论述交际模式时，Sperber 和 Wilson 在批判 Grice 的推理模式的基础上，建立了明示—推理交际模式（Ostensive-inferential communication）：说话人发出对说话人和听话人都互明的刺激，通过该刺激，说话人意图向听话人明示一些假定（Sperber & Wilson，2001）。在该模式中，意图分为信息意图和交际意图，交际过程包含明示和推理两个方面，前者与说话人有关，后者则与听话人有关。

对于听话人而言，关联性的大小可以通过处理努力和认知效果来判断，其公式如下：

$$关联性 = \frac{认知效果}{处理努力}$$

可见，在同等条件下，话语的认知效果越大，其关联性就越大；在同等条件下，听话人加工话语时所付出的处理努力越少，其关联性就越大（Sperber & Wilson，2001；Wilson & Sperber，2002）。其中认知效果其实就是一种语境效果，认知或语境效果可以被增强、削弱或产生语境含意（Sperber & Wilson，2001）。

在论述关联原则时，Sperber 和 Wilson 在第二版中特别强调了认知原则和交际原则的差异，即最大关联和最佳关联的区别。认知原则是"交际原则的基础，它可以预测人们的认知行为，足以对交际产生导向作用"（何自然，冉永平，2009）。

关联的认知原则：人类认知倾向于同最大关联相吻合（Human cognition tends to be geared to the maximization of relevance）（Sperber & Wilson，2001）。

关联的交际原则：每一个话语或明示的交际行为都应设想它本身具有最佳关联（Every act of ostensive communication communicates a presumption of its own optimal relevance）（Sperber & Wilson，2001）。

在交际中我们期待的只能是话语理解时的最佳关联，最佳关联是整个关联论的关键。根据这一原则，每个明示的交际行为都应设想它本身具有最佳关联，人们理解话语时所付出的努力与其获得的语境效果成正比。Sperber 和 Wilson 进一步完善该原则，提出最佳关联假设（Presumption of Relevance）：

a. 明示刺激具有足够的关联性，值得听话人付出一定努力加以处理；

b. 明示刺激与说话人的能力和偏好相一致，因而它具有最大关联。（Sperber & Wilson，2001）

根据以上关联假设，如果某一话语具有最佳关联，它必须首先具有最大关联。以沉默这种现象为例：当交际者面对问题沉默时，在某些情况下，比如交际者没有听到或听懂这个问题，或者交际者没有能力回答这个问题，那么这种沉默可能并不是一种明示刺激，不值得说话人付出努力加以处理。只有当交际者意图将沉默传达给听话人，沉默是明示刺激时，这种沉默才值得说话人付出一定努力加以处理。假设该沉默与说话人的能力和偏好一致，具有最大关联性，那么结合语境分析，这种沉默可能暗示了听话人不能回答该问题，不愿回答该问题或者不敢回答该问题。

不同于传统语境观的分类和定义，关联论认为语境并非给定的，而是主观的、互明的、动态可选的。"语境是一个心理建构体，是听话人对世界相关假定的子集"（A context is a psychological construct, a subset of the hearer's assumptions about the world），正是这些假定而非世界的实际状态影响到话语理解。从这种意义上说，语境不再局限于直接的物理环境等客观环境，或话语本身及上下文等语言环境，还包括交际者对未来的期望，关于科学的假定或宗教信仰、记忆、百科全书知识、文化假定等（Sperber & Wilson，2001）。

3.2.2　显义和含意

与 Grice 定义的所言和所含不同，关联论将话语意义划分为显义和含意（implicature）。显义是话语明确表达的假定，由话语编码的逻辑形式发展而来，它是从话语中获得的完整命题形式（Sperber & Wilson，2001）。为了获取显义，涉及消除歧义、饱和化、自由充实、临时性概念建构这几种手段。其中饱和化是指"在语境中对语言解码而来的逻辑式中的某个空位、位置或变项加以充填的语用加工过程，通过饱和化可以得到一个完整的命题"（陈新仁，2015）。比如 It's cold enough（for what?），对于什么而言已经足够冷了？这需要由语言形式驱动，自下而上进行语用加工，通过饱和化获取完整的命题形式。"自由充实是指通过语言解码得到的逻辑式中没有明显的语言结构空位，但仍需进行概念意义上的充实"（陈新仁，2015）。比如 It is raining（IN

LOCATION x），该句充实后的命题内容更明确具体，知道是在哪里下雨。通常这种自由充实是由语境驱动的，自上而下的语用加工过程。临时性概念建构是对逻辑形式中的词汇概念意义进行语用调整，其中包括编码概念（encoded concept）的缩小（narrowing）、强化（strengthening）、放宽（broadening）或放松（loosening）。比如 This lawn is rectangular，句中草坪并非是标准的矩形，只是形状类似于矩形。含意是话语隐含表达的假定。关联论认为显义的确定和含意一样，同样存在推理，同样受关联的交际原则引导。同时由于字面意义不确定（linguistic underdeterminacy），只有对话语的逻辑形式表征进行语用充实才能确定语义，即显义。

同样，不同于 Grice 对语用和语义的分界方案，关联论提出语义不确定论（underdeterminacy thesis），也就是说，语言表达的意义不能确定其表达的命题（The meaning of linguistic expressions radically underdetermines the propositions they express）（Clark，2013）。语用推理贯穿整个理解过程，语言编码意义只是完成顺利解读的线索（clue）。所以，在关联论框架下语义—语用界面如图 3-1（改编自 Clark，2013）所示：

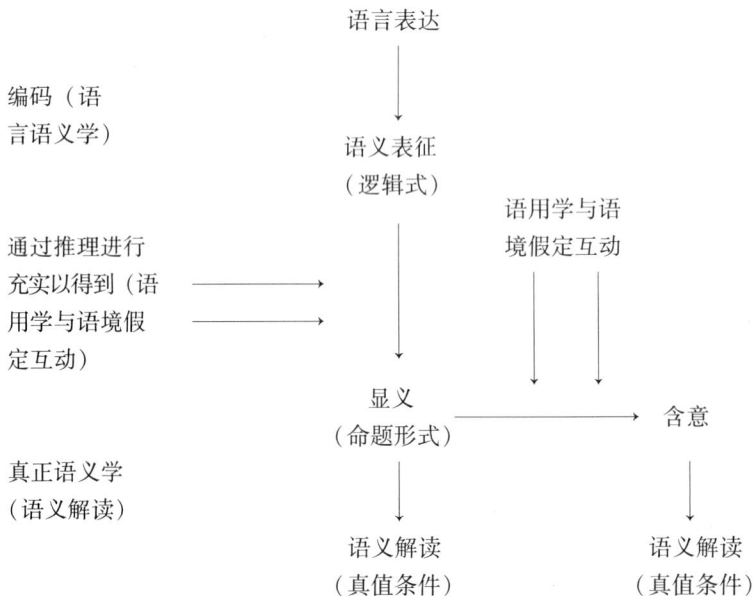

图 3-1 关联论的语义—语用界面区分

　　由图可见，关联论区分了语言语义学和真正语义学，在语言语义学层面，语义表征或逻辑形式无法确定完整的命题形式。只有在真正语义学层面，基于语用假定，逻辑形式得到语用充实后才会得到显义即完整的命题形式。也就是说，在关联论看来，在语义—语用界面，语言模块中的信息要与从其他输入模块及记忆中获取的信息融合。这个融合后的内在概念表征系统，或通过 Fodor（1975）所说的"思维语言"（language of thought）就可以进行逻辑运算，判断其真假。在获取概念表征内容时，人们除了需要语言编码，还需要结合语境选择相应的概念。因此，这个过程还涉及临时性概念（ad hoc concept）的建构。

　　作为词汇语用学的重要概念，临时性概念在特称描述语理解中占据着重要地位，下面将详述相应的词汇调整过程。首先，必须明确的是，概念表达（conceptual expression）和编码概念之间并没有直接的一一对应关系，因此，如前所述，言语交际行为中的语义表征并不足以确定其完整命题。其次，概念本质上是大脑中的"一种记忆地址，可以由此获取三种条目，即词汇、逻辑和百科这三类信息"（…a concept is a kind of 'address' in memory which provides access to three kinds of 'entry', containing three types of information：lexical, logical and ency-clopaedic）（Clark，2013）。其中，词汇条目和逻辑条目通常由说同种语言的人所共享，而百科条目提供某概念相关的物体、事件或属性信息，这些信息都源于背景知识和个人经验，因此，百科条目因人而异。

　　Wilson 和 Carston（2007）借用了心理学家 Lawrence Barsalou 的术语"临时性概念形成"（ad hoc concept formation），从而为话语解读过程中涉及的词汇缩小和放宽（或者两者兼而有之）提供了一个统一的解释，这一临时性概念的建构几乎涉及话语中的每一个词。从关联论发展而来的词汇语用学认为，词义通常在语境中做语用调整，通过在线理解从词汇编码意义中建构临时性概念。换言之，听话人受关联原则的驱使，从某概念的百科条目中提取高可及的一部分构建联想假定（associative assumption），将编码概念与意欲表达的概念联系在一起，通过推理来建构临时性概念。在词汇调整过程中，真正起作用的只有百科条目。

临时性概念建构包括概念缩小和放宽，前者指使用的词汇表达一个比编码义更具体的词义，限制了词汇的外延。如 I have a temperature 中，temperature 不再是编码义"人体体温"，而是指"由于高烧或疾病导致的非正常高温"。后者指使用的词汇表达一个比编码义更宽泛的词义，拓宽了词汇的外延。如 The water is boiling 中，boiling 的编码义指水烧开到 100 度，但 boiling 也可以用作夸张，比如在澡堂这个语境中，说话人只是表明水比期望的热，这时 boiling 的水温范围就可以远低于 100 度。boiling 也可以用作隐喻，比如站在海边看着波涛汹涌的海面，说话人只是表明海水翻腾。

3.2.3 概念意义与程序意义

在关联论的第二版中，Sperber 和 Wilson（2001）受 Blakemore 启发，区分了概念意义（conceptual meaning）和程序意义（procedural meaning）。话语可以对概念意义和程序意义进行编码，因而有概念编码（conceptual encoding）和程序编码（procedural encoding）之分。概念意义对话语表达的明示信息和隐含意义都起一定作用，并通过增加话语的关联假定提高明示交际行为的关联性；程序意义却对理解明示信息和推断隐含意义的过程进行制约或指引，使听话人付出较小的努力去获取更大的语境效果（Sperber & Wilson，2001），如图 3 - 2（改编自 Wilson & Sperber，1993；Clark，2013）所示：

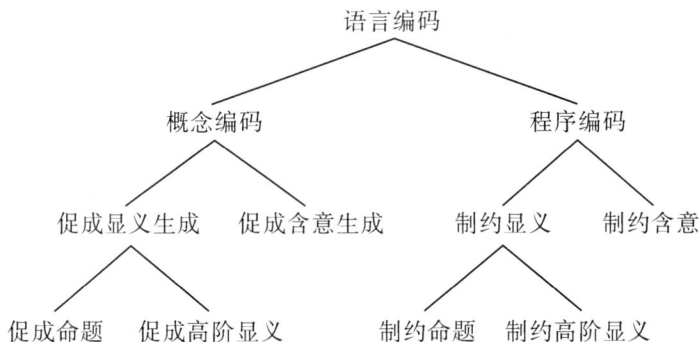

图 3 - 2　概念意义和程序意义

　　根据图 3 - 2，我们发现概念编码和程序编码虽有区别，但并不能用以区分命题的真值。举例来说，bird、bank、run 等实词表达概念意义，这些实词编码的概念可以直接成为话语的真值条件内容，也可以参与含意的处理；同样，the、and、well、but 等功能词汇表达程序意义，既可以参与制约命题影响命题真值，也可以制约含意（Wilson，2016；Drozdżowicz，2016）。Wilson、Sperber（1993）和 Clark（2013）进一步指出，真值条件和非真值条件的区分应用于语言表达上，而概念与程序的区分是基于认知的，表明两种不同的加工过程。总体来说，程序编码"通过对意图语境和认知效果的建构进行程序制约，来引导推理过程"（guide the inferential comprehension process by imposing procedural constraints on the construction of intended contexts and cognitive effects）（Wilson，2016）。比如以下这句话：

① It's raining. I'm going for a walk.

　　句中的 rain、walk 等的概念意义都很清楚，听话人也可通过语用充实得知 I 和 it 的所指。如果加入不同的连接词，则会引导听话人做出不同的推理。如：

a. It's raining. So I'm going for a walk.
b. It's raining. But I'm going for a walk.
c. It's raining. After all, I'm going for a walk.
d. It's raining. Moreover, I'm going for a walk.

　　句 a 表达因为下雨了，所以说话人想出去走走。句 b 表达虽然下雨了，但是说话人想出去走走。句 c 表达下雨了，说话人终究还是要出去走走。句 d 表达下雨了，另外，说话人要出去走走。这四句话中的 so、but、after all 和 moreover 都是表达程序意义，它们制约了话语产生可能含意的范围。实际上，程序意义不仅制约含意范围，更对表达命题产生制约（Clark，2013）。

Blakemore（2002）提出程序意义的五大特点：①很难对其释义；②很难翻译它们；③一般没有表达其同义概念的词；④它们是非组合性的；⑤在话语片段中，它们与概念表达的解读方式不同。虽然以上五点作为标准并不能完全决定一个表达的编码意义就是程序意义，但是这至少让我们知道程序意义通常具有的一些特点。

3.2.4 最佳关联引导下的话语理解程序

关联论框架下的话语理解过程可以概括为：听话人首先开始还原语言编码的句子意义，遵循经济原则对其在显义层面进行充实，在隐含层面进行补充直至相应解读满足他的关联期待。大致可分为以下两个步骤：

a. 遵循经济原则来计算认知效果：以可及性排序，测试解读假定（解歧、指称确定、含意等）。

b. 当关联期待得到满足时，停止解读。

具体可分为以下三个方面：

a. 建构显义：通过话语解码、歧义消除、指称确定等其他语用充实过程，建构一个关于外显内容的恰当假定。

b. 建构隐含前提（implicated premises）：建构关于语境假定的一个恰当假定。

c. 建构隐含结论（implicated conclusions）：建构关于语境隐含或含意的一个恰当假定。

值得注意的是，这三方面并非是依次排序的。因为理解是一个在线过程（on-line process），显义假定、隐含前提和隐含结论几乎都是同时产生的，随着话语展开，相应的关联期待会随时被修正和丰富。也就是说，听话人在理解过程中随时可以回过头来修正显义和隐含前提。以下列对话为例：

② a. Peter：Did John pay back the money he owed you?

b. Mary：No. He forgot to go to the bank. （Sperber & Wilson，2006）

　　按照 Sperber 和 Wilson（2006）的分析，在最佳关联原则的引导下，Mary 首先对 Peter 的话语解码并结合情境确定指称，即这里的 he 指的是 John；消除歧义，即这里的 bank 是银行而非河岸，从而得出显义 John 忘记去银行了。Peter 想知道的是为什么 John 没有还钱，同样在最佳关联原则的引导下，话语的逻辑形式产生的最可及的语境假定即隐含前提是：忘记去银行取钱可能会导致人们无法还欠款。通过结合显义和隐含前提，Peter 得出隐含结论即含意：John 无法还欠 Mary 的钱，因为他忘记去银行了。我们甚至可以通过增加背景知识得出弱暗含，如当 John 下次去银行时可能会还 Mary 钱。根据假定的可及性，显义和含意在相互平行的调整过程中获得，整个理解是一个在线过程。如果 Mary 随后补充一句 "He buries his money along the river"，那么听话人会回过头来修正 bank 的语义，消除歧义后 bank 指的是河岸而非银行。此外，鉴于语用充实与显义处理密切相关，bank 的解读可能既涉及词义缩小又涉及词义放宽（Sperber & Wilson，2006），Sperber 和 Wilson（2006）还特别在尾注中注明特称描述语 the bank 及其定冠词 the 的语义分析先搁置不考虑，实际理解过程远比他们描述的复杂。就词义缩小而言，话语中的 bank 指的不是任意一家银行机构（世界银行、欧洲投资银行等显然不在此列），而是指办理私人存款业务的银行，特别是有 John 账户的银行。就词义放宽而言，bank 词义可以放宽到不仅包括银行机构，还包括超市和车站里的自动取款机。两种临时性概念的建构都受语境、百科知识和关联性的影响。

3.2.5　对关联论的评价

　　关联论虽然批判继承了 Grice 的推理模式，使人们摆脱了对传统语码模式的依赖，极大地推进了交际理论的发展，但是其理论模式仍有可发展的空间，主要包括以下方面的问题：

　　首先，根据关联理论，言语交际中的关联信息是听话人从话语出发，结合认知语境假定，经过推理提取的，然而，这些语境假定是否处于同等重要的位置？何自然和冉永平（2009）以及陈新仁（2015）均提出类似的质疑：听话人是如何扩充自己的假定图式，也就是说，听话人对话语进行解释的机制是什么？面对任何一个新信息，人们的大脑并非一片空白，总会存在某些已知的初始假定（语境假定的一部分），于是从初始假定出发朝着不同的方向扩充，并从构成认知语境的一系列假定中进行恰当的选择，因而产生不同的语境假定。"然而，各种假定是如何产生的？如何确定它们出现的顺序？或者说，为什么听话人会对话语首先产生某种理解，而不是别的解释，而这种理解往往就是最具关联性的信息？"（何自然、冉永平，2009）此外，我们还发现不少"充实部分的语义内容往往不是交际者个体主观选择的结果，而是反映了固化在语言使用者概念系统中的语言知识，带有不同程度的规约性和默认性，而越是规约化的充实越是如此"（陈新仁，2015）。因此，如何在话语理解过程中体现语境假定的层级性和默认性，也是值得探讨的方向。

其次，关联论中强调交际者个体认知环境和认知能力的不同，这些不同是否会影响话语处理，导致话语理解的差异？将同一事实、话语或假定明示于不同人的认知环境中，因为认知能力的不同，人们会产生不同的理解。比如百科全书知识就是认知环境的重要组成。Sperber 和 Wilson（2001）所定义的认知环境既包括个体意识到的物理环境，也包括他的认知能力。尽管个体认知环境影响到了话语处理，但是在具体话语处理的分析中，我们很少看到关联论详述不同个体的不同认知环境是如何影响到话语理解的。另外，在谈到语境选择时，主要依赖三方面：话语信息、百科信息以及直接可视环境信息。然而个体在进行语境选择时，是否只有这三方面发挥作用？语境是否由其他途径进行扩充？比如社会文化信息是否也会影响到人们的认知环境？这些都是值得探讨的问题。

再次，在确定显义时，有哪些不同性质的语用充实？对显义的生成，关联论的主要手段为消除歧义、确定指称和语义充实。但在关联论的最新发展中，Carston（2006）强调了饱和化、自由充实、临时性概念建构在生成显义中的作用。并且关联论进一步区分了语言编码中的程序编码和概念编码，强调程序意义和概念意义的差异。那么具体到特称描述语，到底是什么样的程序意义参与到特称描述语的意义加工过程中？特称描述语的解读又涉及哪些具体的语用充实手段？这些都需要在具体话语理解中进一步探索。

总体来说，作为一种宏观的认知理论，关联论在解释话语理解时，认为人们只需根据关联的交际原则和认知原则，以关联为导向，同时发挥认知主体的能动性就可以处理话语。关联论在显义的话语处理上论述得比较笼统模糊，没有区分默认情形和非默认情形，对默认情形解读不够充分，没有从微观上对语言交际进行探寻，仔细探讨具体的原则、规则，以及推理程序或步骤。因此，这几个方面都有可拓展的空间。

3.3 默认语义论

与关联论一样，默认语义论也是采用语境论的视角来看待语义—语用界面问题，语境论者认为自然语言中的话语实质上是对语境敏感的，没有确定的真值条件，必须对话语的逻辑形式表征进行语用充实才能获取命题内容（Recanati，1994），所以语义—语用界面更是动态模糊的。默认语义论虽然声称是语义学，但是其研究不囿于传统语义学范围，而是语用内容丰富的语义学（pragmatics-rich Semantics）（Jaszczolt，2005；Zhang & Zhang，2016）。

概括来说，默认语义论试图简化语义—语用界面的层级，将语义学和语用学合并在同一个层面，这种话语解读方式被称为组合型—意图性并合模式（compositionality-intentionality merger），这种方式极大地降低了语义不确定论在语义学中的影响。默认语义论区分了认知默认、社会文化和世界知识默认，以及非默认解读，非默认解读是根据意图程度高低对默认产生的一些偏离，由听话人的知识结构和语境触发而来（Jaszczolt，2006）。下面将从默认语义论的理论原则、意义分类、话语理解机制三方面来介绍。

3.3.1 默认语义论的理论原则

默认语义论理论受三大原则引导：层级极简（the Parsimony of Levels，PoL），意图程度（Degrees of Intentions，DI）和首要意图（the Primary Intention，PI）：

层级极简（PoL）：除非必要，否则不要增设意义层次（Levels of senses are not to be multiplied beyond necessity）。

意图程度（DI）：交际中的意图有不同程度，可分为强意图和弱意图（Intentions in communication come in various degrees：they can be stronger or weaker）。

首要意图（PI）：交际中意图的首要作用是保证能识别说话人话语中的指称对象（The primary role of intention in communication is to secure the referent of the speaker's utterance）。

根据层级极简原则，未确定的逻辑形式和涉及语用侵入的各种信息来源都处于同等地位，最终促成同一层面的并合表征。意图程度和首要意图原则规定意图性如何促成意义表征（Jaszczolt，2005，2006）。Jaszczolt 借鉴 Husserl 对意图性的定义，默认语义论中的意图性具有信念、想法、怀疑等性质。

3.3.2 默认语义论的意义分类

在话语的意义分类方面，Jaszczolt 也在批判 Grice 的所言和所含基础上，提出了主要意义（primary meaning）和次要意义之分（secondary meaning）。主要意义是"扩充所言得到的意义，是首要的、直觉的、突显的意图意义，也是听话人识别的主要信息"。"主要意义可以视为并合表征（merger representation）"，它有一个组合结构，这个结构依赖组合原则把语义信息和语用信息合并起来（Jaszczolt，2010）。次要意义则与含意的推导有关，主要涉及有意识的语用推理。Jaszczolt 肯定了关联论中显义和含意这一划分的合理性（Jaszczolt，2005），她坚决反对 Levinson 将交际内容划分为三层意义的做法，认为这样不符合层级极简原则（Jaszczolt，2005），她也反对 Recanati 提出的将所言扩展而来或添加的内容称为"所言的语用内容"这一做法（Jaszczolt，2005）。

与 Sperber 和 Wilson 一样，Jaszczolt 摒弃了"所言""所含"的术语，将并合表征即主要意义视为与真值条件内容相关，而次要意义是有意识的语用推理产生的含意。主要意义和次要意义两者在功能上是有区别的，而默认语义论的研究重点在主要意义的加工处理上，在对主要意义的加工处理中，会产生默认解读和非默认解读，默认语义和非默认语义是不同信息来源互动的产物。

3.3.3　默认语义论的话语理解机制

默认语义论的话语理解机制叫并合表征模式（Merger Representation，MR）。特别要指出的是，在默认语言学里，话语被视为交际行为（acts of communication），因而并合表征模式的原则是：交际行为的意义由词汇和句子结构意义、默认以及有意识的语用推理共同作用得出（The meaning of the act of communication is a function of the meaning of the words, the sentence structures, defaults, and conscious pragmatic inference）（Jaszczolt，2005）。该模式强调组合性和意向性。组合性是指并合表征模式里结合了来自句法、语境、默认、有意识的语用推理、思想属性以及其他来源的信息（Jaszczolt，2005）。意向性指人类的心智活动或心智状态对对象或事态的指向性，意向性是心智状态的一种属性，这一属性使得心智状态指向或关涉某一对象或某一事态（The property of mental states of having an object, being about something is called their intentionality）（Jaszczolt，2006）。

默认语义论的并合表征模式如图 3 - 3（Jaszczolt，2005）所示：

主要意义：处理真值条件内容

词汇意义和句子结构结合

并合表征

有意识的语用推理$_1$

社会、文化和世界知识默认$_1$　认知默认

次要意义：处理含意

社会文化默认$_2$

有意识的语用推理$_2$

图 3 - 3　并合表征模式

图 3 - 3 显示，词汇意义和句子结构结合（Word Meaning and Sentence Meaning，WS），（从语篇情景、社会文化假定及世界知识中获取的）有意识的语用推理（Conscious Pragmatic Inference，CPI），认知默认（Cognitive Default，CD）和社会、文化和世界知识默认（Social-Cultural and World knowledge Default，SCWD）这四种信息源共同加工互动产生并合表征，生成主要意义。其中，默认意义有两种：社会、文化和世界知识默认和认知默认。前者来源于社会和文化组成的方式，而认知默认来源于人类思维过程的特征。以否定词 not 为例，not 通常用在预设的指称之后，用于否定全句，但是有时候 not 也在预设的指称之前，用于否定该指称。比如：

③ Tom's wife is not in New York.

如果 not 不重读的话，本句预设了"Tom 有一个妻子"这一信息，not 通常用于窄辖域的谓词否定，表明 Tom 的妻子不在纽约。认知默认（CD）与词汇意义和句子结构结合（WS）共同作用，生成 not 窄辖域的谓词否定义，这是 not 的默认语义。但是如果 not 重读，并且添加一句 Tom doesn't have a wife，那么，not 用于宽辖域的指称否定，有意识的语用推理（CPI）与词汇意义和句子结构结合（WS）共同作用，生成 not 宽辖域的指称否定义，这是 not 的非默认语义。

Jaszczolt 还指出不是所有的默认解读都归结为认知默认。比如：

④ Peter called his secretary.

句④中的秘书通常被视为女秘书，而这一解读并未体现意图强弱，而是体现了社会文化实践中逐渐规约化的一些默认知识。因而在某些解读中，社会、文化和世界知识默认（SCWD）与词汇意义和句子结构结合（WS）共同作用，生成默认语义。

值得强调的是，并合表征得到的默认解读和非默认解读都是后命题性的（post-propositional），是整体的而非局部的（Jaszczolt，2005）。

也就是说，在句③中，听话人是获知全句以后，再来处理 not 的语义。在处理 not 的非默认语义时，听话人也是获知句③全句内容后，再来解读 not 的语义。

3.3.4　对默认语义论的评价

作为后格赖斯语用学的重要理论流派，默认语义论的确解决了一些语义理解的问题，即语言中，特别是从表面上看，认为从语境中选择得到的一般会话含意（GCI），实际上是认知的固有的语义，是不需选择、自动生成的默认语义。但是不同于关联论可以应用于所有话语，默认语义论聚焦主要意义（关联论称之为显义）中优先默认解读的那部分语义。因此，默认语义论所谈论的应用范围主要是连接词、定冠词、数词、情态动词等。同时 Jaszczolt 将心理因素及语用因素结合起来建构动态、完整的语义理论的方法具有探索性和可操作性（张权，李娟，2006）。但是默认语义论仍有一些需要回答的问题。

首先，Jaszczolt 指出默认语义论受意向性原则引导，首要意图原则规定交际中意图的首要作用是保证说话者话语中的指称对象，意图程度原则规定意图具有强弱程度之分。意图程度最强时，可以完全保证指称对象的识别，听话人可以通过最小的认知加工获得说话人的意图，识别出默认语义。意图程度最弱时，不能确保指称对象的识别，听话人付出较大的认知加工推导出非默认语义。特称描述语的默认解读和非默认解读就是一个很好的注解。但是默认语义论用意图的强弱来参与加工话语，意图强弱如何测量？有无实证依据？由于说话人传达的意图和听话人识别的意图之间还有一定的差异，默认语义是否必须要求听话人解读与说话人意图吻合？听话人从自己的社会、文化和世界知识默认（SCWD）或认知默认（CD）中提取出的最快捷自动的解读，可能与说话人意图不同，这能否称之为默认语义？

其次，默认语义论中提到非默认语义的产出通常是词汇意义和句子结构结合（WS）和有意识的语用推理（CPI）合并，生成并合表征。而该有意识的语用推理受什么原则引导？如前所述，Jaszczolt 认为社会、文化和世界知识默认（SCWD）或认知默认（CD）与交际中的首要意图和强意图有关。那么弱意图是如何引导有意识的语用推理的？当词汇意义和句子结构结合（WS）和有意识的语用推理（CPI）合并生成非默认语义时，该语用推理到底是何时开始？推理到何种程度结束？这些问题都有待进一步探讨。

3.4 关联统领下涵盖默认语义的话语解读模式

基于对关联论和默认语义论的理论回顾，本研究认为这两个理论在一定程度上兼容，并且可以通过互补达到对语言现象的描述充分性和解释充分性。这两个理论的兼容性体现在以下几个方面：

首先，关联论和默认语义论均属于语境论派。语境论者认为指称是一种依赖语境的四元关系，包含说话人、表达、听话人和指示对象（Sullivan，2012），即一个说话人使用一种表达向听话人提及某一指示对象。语义属性的主要载体不是表达本身而是使用，因而特称描述语的研究必须涉及语用学范围。语境论者还认为语义本身是不确定的（semantic underdetermination）①，每一个语词都对语境敏感，语义—语用界面更是动态模糊的。举例来说，当说话人说出"the red hat"来指称他意图中的红帽子时，该红帽子显然不能唯一化成 Russell 所分析的"世界上有且仅有的一顶红帽子"。听话人听到话语后会迅速关联语境信息确定指称范围，而该指称范围通常并未通过话语明确传达，而是从间接情境因素中推理而来，比如物理环境中可及的物体，语篇中先前会话的内容，还有听话人的百科信息等。所以交际者所识别并能指称的唯——顶帽子实际是相对于语境而言的。因而，陈新仁②（2015）特别指出"唯一化是语境化的过程，主观化是唯一化的取向"，强调交

---

① 对于语义不确定论，Jaszczolt 持一定的保留态度。她明确反对逻辑形式不具体（underspecification），同时认可交际中的语义不确定性（Underdetermination is a fact, while underspecification is to be introduced with extreme caution），但是强调在默认语义论的框架内，语义会变得确定（Jaszczolt，2005）。在此，不确定性（underdetermination）通常与语义相关，不具体（underspecification）通常与逻辑形式相关（Jaszczolt，2006）。

② 2015 年 5 月，陈新仁教授与笔者讨论特称描述语的理解机制时表达了此观点。

际者在指称行为中发挥的重要作用。关联论和默认语义论均从语用和语义互动的视角阐释信息加工过程和话语理解机制。但是值得指出的是，默认语义论坚称自己是语义学范畴，但它其实是语用内容丰富的语义学。这一点与陈新仁提出的语义—语用分界新方案不谋而合，"将原本称为'语用充实'的内容纳入语义学的范围，拓宽语义学的传统边界，同时也为显得过于庞杂、臃肿的语用学进行必要的'瘦身'"（陈新仁，2015）。

其次，关联论和默认语义论均是在批判 Grice 的所言/所含意义划分的基础上，建立自己的理论，他们都被称为后格赖斯主义（post-Gricean）。如前所述，关联论区分了显义和含意；默认语义论区分了主要意义和次要意义。这样的划分都是旨在将突显的、自动的语用充实与费力的语用推理区别开来。对于 Grice 定义的特殊会话含意，关联论和默认语义论已达成共识，即特殊会话含意是听话人在特殊语境下推导出来的含意，其推导过程是整体的和后命题性的。而对于一般会话含意，后格赖斯主义者都致力于解决一般会话含意的两面性和含意推导模式之间的问题（张绍杰，张延飞，2012）。不同于 Levinson 等学者，关联论和默认语义论均赞成"奥康姆剃刀"原则或"修改了的奥康姆剃刀"原则（Modified Occam Razor），也就是层级极简原则，认为没有必要对意义划分多个层次。他们均摒弃了一般会话含意这一术语，直接将一般会话含意划入显义或主要意义范畴中，不再另作区分。

最后，关联论和默认语义论均涉足认知科学（Haugh & Jaszczolt，2012），致力于从心理学视角探讨交际中的话语生成与话语理解。他们均聚焦交际者如何通过推理获取话语意图，其中意向性和意图是其理论的重要基石。关联论中专门区分了信息意图和交际意图，在交际中说话人总是希望听话人通过识别他的信息意图而推导出他的交际意图，从而明白话语的含意。默认语义论中，意图可以干涉语义表征，首要意图和意图程度原则是保证听话人可以迅速获取默认语义的重要依据。既然交际中意图的首要作用是保证能识别说话人话语中的指称对象，通过识别意图程度强的话语，听话人可以迅速定位话语的指称。当然也存在意图程度弱的话语，此时听话人需要更多的语用推理来确定语义。

鉴于关联论和默认语义论的诸多共性，Capone（2011a，2011b）尝试将这两个理论合并起来，他提出了心智理论（Theory of Mind）①统领下的关联默认解释机制。他的解释遭到张延飞和张绍杰（Zhang & Zhang，2017）的反驳，他们认为默认语义和显义存在种种差别，比如显义是语用的、受关联原则引导的，显义的加工涉及语用推理，具有语境敏感性和可取消性；默认语义是语义的，受组合性原则引导，默认语义的加工不涉及语用推理，默认语义与语境有一定关系，同样可以推翻。但是本书认为 Capone（2011a，2011b）对这两种理论兼容性的分析有一定道理，因为默认语义和显义的差别并不能完全消除这两种理论合并的可能性。事实上，默认语义论中的主要意义和关联论中的显义才更有可比性。

尽管 Capone（2011a，2011b）尝试使用心智理论或心智模块论（Modularity of Mind）来融合关联论和默认语义论，但是在 Sperber 和 Wilson（2006）看来，常规的读心模块（mind-reading module）无法解释话语交际，而是关联的交际原则（每一个话语或明示的交际行为都应设想它本身具有最佳关联）揭示了这一具有特殊目的的推理理解机制。鉴于关联论本来就是一个抽象包容性强的认知理论，本书也认为完全可以在关联论统领下探讨"话语所言部分理解中体现不同默认程度的语用充实（从术语使用来看，也许称为'语义充实'更好），以获得话语的完整逻辑形式"（陈新仁，2015）。这个观点也得到了默认语义论创建者 Jaszczolt（2015，私人交流）本人的认可，她认为关联论比较抽象宏大，默认语义论完全可以作为关联论的一部分，用以解释语用充实中无须推理、自动生成的默认语义。值得指出的是，无论是默认的语用充实还是非默认的语用充实都应受关联原则引导。默认意义的推导受规约的限制，Jaszczolt（2010）认为社会、文化和世界知识

---

① 心智理论或读心（Theory of Mind or Mind-reading）指为了解释和预测行为，将心理状态归属于他人（the attribution of mental states to others in order to explain and predict their behavior）（Sperber & Wilson，2006），其中主要包括概括（generalization）和模拟（simulation）两种手段（Capone，2011a）。

默认受到规约的限制，默认与语言的形式结构、世界的运行方式、社会的组织方式以及大脑感知和理解事物的运行方式相关。规约、先入之见（preconceived beliefs）以及常规理解（stereotypical interpretation）都会促成默认解读的形成（Jaszczolt，2005）。尽管关联论者通常认为几乎每一个词语都需要语用推理以获取其真正意义，但是他们也逐渐意识到语用推理会变得标准化（standardized）和常规化（routinized）。虽然他们尝试用概念的放宽或缩小等语用过程来解释，但是他们也指出"然而，有些语用建构的意义可能在群体交际互动中流行开来，成为常规的使用。在这种情况下，概念建构的语用过程变得更加常规化，最终传遍一个言语社区，固化为一个额外的语义"（Wilson & Carston，2007）。此外，关联论学者（Papafragou，1995，1996）还提出使用隐喻、转喻而产生的显义也受规约的限制，隐喻和转喻具有的不同规约化程度形成了一个连续统，一端是新奇有创意的隐喻和转喻，另一端是完全语义化的转喻和隐喻。

除了以上提到的两个理论的共性外，关联论和默认语义论的各自优势也存在互补性。关联论强调的是话语处理，即处理努力和认知效果之间的互动，而默认语义论强调的是听话人提取信息的来源类型（Capone，2011a，2011b）。关联论强调显义和含意，默认语义论主要强调迅捷自动的默认语义处理，因而我们可以在关联论的框架下，继续区分显义处理过程中语用充实的不同默认程度。

在列出话语解读模式之前，我们还要强调 Jaszczolt（2005）和 Capone（2011a）所提出的"默认从物原则"（Default De Re Principle），也就是说，人们有对名词短语进行指称解读的默认倾向，即"说话人的从物信念指除非话语内容有其他暗示，指称短语用于指称一个个体"（The speaker holds a belief de re that referring term is useful to refer to an individual，unless the content of utterance signals otherwise）（Capone，2011a）。这一原则也符合人们的认知习惯，当小孩子在习得名词时，总是把名词与具体事物联系起来，而不是把名词和抽象范畴相联系。例如：

⑤ Mary thinks that Ortcutt is crazy.（Capone，2011a）

句⑤既可作从物解读又可作从言（de dicto）解读。作从物解读时，Mary 认识 Ortcutt 这个人，并且认为 Ortcutt 这个人很疯狂。作从言解读时，说话人只是汇报 Mary 相信 Ortcutt 存在并赋予他疯狂这一属性，而 Mary 本人并不认识 Ortcutt。区分从言和从物可以帮助人们解释一些看似自相矛盾的想法。"小王认为《非诚勿扰》的导演不如冯小刚。"按照从物解读，小王的想法是站不住脚的，因为《非诚勿扰》的导演和冯小刚对应现实世界中的同一人，而本人是不可能与自己相比的。但是按照从言解读，这句话就可能成立，因为小王没有意识到《非诚勿扰》的导演和冯小刚是同一人。正如"默认从物原则"所示，人们在解读这个句子时，通常会优先选择从物解读，认为 Mary 认识 Ortcutt 这一个体。这并不是因为从物指称解读是最有信息量或具有最大的语境效果，而是因为这是大脑的认知特点。默认语义论提到的这一默认原则将在特称描述语的理解中扮演重要角色。值得注意的是，作默认从物解读也需在最佳关联引导下才会发生，关联引导激活合适的默认语用条件，从而得到默认从物解读。

此外，关联论特别区分了程序意义和概念意义。关联论者 Powell（2001）认为特称描述语"the F"引导听话人获取一个个体概念，"个体概念是由个体概念的持有人用来表征个体的，其信息专门用于识别对象"（An individual concept is one which is taken by its possessor to represent an individual and contains information which uniquely identifies its referent）（Puglisi，2014）。针对 Russell 分析的经典话语 the F is G，关联论者将其逻辑形式表征为：

$$[[[<individual\ concept>][F]][[is][G]]]\ (Puglisi,\ 2014)$$

公式中的尖括号表明这一程序制约应用于整个名词短语，也就是说，定冠词编码了一个程序制约，表明所制约的名词短语应该被整体解读为一个个体概念（Puglisi，2014）。

基于 Powell 的分析，Puglisi（2014）进一步指出个体概念包括描述概念（descriptive concept）、从物概念（de re concept）和类型概念（type concept），在最佳关联原则引导下，受语境因素影响，选择不同概念会导致不同的解读。其中，描述概念是指"唯有一个概念的指称对象满足某个描述内容或是如果有指称对象的话，唯有一个指称对象满足某个描述内容"（The referent of the concept uniquely satisfies a certain descriptive content, or would uniquely satisfy it if there were one）（Puglisi，2014）。比如 The director of Transformer V 可以包含一个描述概念，其描述概念的唯一指称对象必须满足该特称描述语的描述内容，即"《变形金刚5》的导演"。从物概念指"概念的内容与概念的指称物之间是由因果关系相连"（The content of the concept is causally connected to the referent of the concept）（Puglisi，2014）。除了描述概念和从物概念，类型概念是指"类型的个体概念"（individual concepts of kinds）（Puglisi，2014），即"概念视其指称对象为个体类型"（such concepts take as their referents individual kinds）（Puglisi，2014），而与类型概念相对应的特称描述语通常识别出的是规约化固定范畴中的类型，比如 the whale、the monkey 等。

基于以上的理论分析，本书将尝试提出关联统领下涵盖默认语义的话语解读模式，如图 3 - 4 所示：

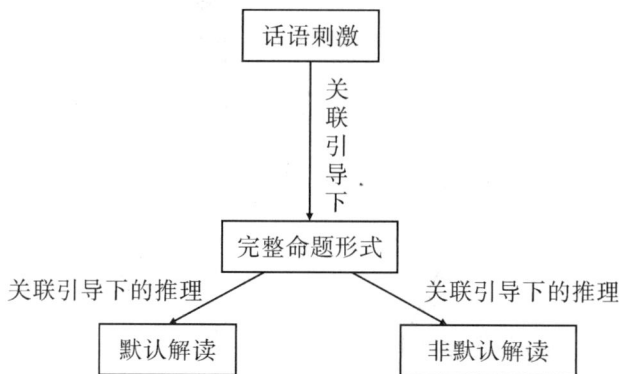

图 3 - 4 关联统领下涵盖默认语义的话语解读模式

在结合了默认语义论后，关联论引导下的特称描述语解读模式如图3-4所示。当听话人接收到含特称描述语的话语刺激后，在关联的交际原则引导下，听话人会在语境假定中提取可及性高、关联性最大的信息来进行语用充实，从而形成完整命题形式，得出显义，其中包含特称描述语的默认解读。此外，听话人在接收到含特称描述语的话语刺激后，也可能在关联的交际原则引导下，进行较费力的语用充实，在语境假定中提取有可及性、关联性适中的信息来进行语用充实，从而形成完整命题形式，并在关联论引导下进行语用推理，得出显义，其中包含特称描述语的非默认解读。我们以名词的解歧为例（为方便下文的实证讨论，我们在此暂不涉及特称描述语的属性或指称解读等）：

⑥ There is a straw in the bottle.（交际者在餐桌上交谈，餐桌上放着一个瓶子，瓶里插了吸管。）

当听话人听到句⑥时，在关联的交际原则引导下，听话人的语境假定中有 $STRAW_1$ 即"吸管"和 $STRAW_2$ 即"秸秆""稻草"两个语义，听话人的经验所形成的百科知识告诉他，放在瓶子里的一般是用于吸食饮料的吸管，因此 $STRAW_1$ 吸管是一个付出较小加工努力就可获取的信息，也就是说吸管是一个可及性高、关联性大的信息，于是听话人会提取这个可及性高、关联性最大的语境假定来进行语用充实，从而形成完整命题形式，得出显义即"一根吸管在瓶子里"。

⑦ There is a straw in the bottle.（交际者在艺术展览馆里交谈，展览馆陈列了一个瓶子，瓶里插了稻草。）

但是如果听话人是在艺术展览馆里听到句⑦，同样在关联的交际原则引导下，听话人的语境假定中有 $STRAW_1$ 即"吸管"和 $STRAW_2$ 即"秸秆""稻草"两个语义。尽管听话人的百科知识中，瓶子中应该放吸食饮料的吸管是一个付出较小加工努力就可获取的信息，但是情景语境还会进入听话人的语境假定，考虑到艺术展览馆并不是餐馆或咖

60

啡店，吸管在这个场合并不应景，因此听话人会放弃高可及的 STRAW$_1$ 语义，转而提取 STRAW$_2$ 即"秸秆""稻草"，听话人此刻进行了较费力的语用充实，在语境假定中提取有可及性、关联性适中的 STRAW$_2$ 来进行语用充实，形成完整命题形式，并在关联论引导下进行语用推理，从而得出显义即"一根稻草在瓶子里"，"稻草"是该名词的非默认解读。

正如陈新仁（2015）指出的，"充实部分的语义内容往往不是交际者个体主观选择的结果，反映了固化在语言使用者概念系统中的语言知识，带有不同程度的规约性和默认性，而越是规约化的充实越是如此"，图 3-4 试图揭示理解话语尤其是特称描述语时存在不同默认程度、受交际者主体因素不同制约的语用充实情况。

该特称描述语的解读模式有如下优势：

首先，新模式强调整个话语处理过程受最佳关联引导，当话语满足关联期待时，解读停止，并强调处理努力和认知效果之间的互动。这都是默认语义论所缺乏的，默认语义论称听话人识别到主要意图就能获取默认语义，但是话语处理到什么时候停止，仍缺乏一个更有说服力的原则。在这点上，关联论可以弥补这一不足。

其次，新模式强调概念编码和语境共同影响显义的生成，并区分了处理显义过程中不同程度的语用充实。关联论一般认为几乎每个词语语义的确定都需要对编码进行语用充实，然而语用充实其实有程度之分，在这一点上，关联论没有做细致讨论。本框架区分了比较迅捷自动的默认充实和比较费力的语用推理。根据默认语义论提出的"默认从物原则"，指称解读是听话人优先的、默认的解读，这也解释了听话人总有优先检索头脑中指称对象的倾向。此外，Puglisi 提出概念加工努力的等级关系，但是她并没有去论证这一等级关系的合理性，也没有据此提出处理特称描述语的语用充实中的默认和非默认程度。基于她的研究以及默认语义论的"默认从物原则"，我们为处理显义过程中不同程度的语用充实找到了理论依据。

最后，新模式在特称描述语理解方面更具解释力。默认语义论主要对特称描述语的指称语义和属性语义提供解释，但是没有分析特称描述语的类指用法，更没有分析特称描述语中更复杂的隐喻指称和转喻指称。而在这方面，新模式将更全面地解释特称描述语的各种用法。

3.5　本章小结

本章首先回顾了语义学与语用学分界新方案，以及后格赖斯主义学派的两大理论——关联论和默认语义论，评析了两大理论在分析特称描述语时的不足并探讨两大理论的共性和差异。在陈新仁（2015）语义学与语用学分界新方案的指导下，本书尝试融合这两个理论，建立关联统领的涵盖默认语义的话语解读模式，希冀新的话语解读模式可以为特称描述语理解提供语用认知解释。

具体而言，本书提出话语解读模式受最佳关联引导。当听话人接收到含特称描述语的话语刺激后，在关联的交际原则引导下，听话人会在语境假定中提取可及性高、关联性最大的语境假定来进行语用充实，从而形成完整命题形式，得出显义，其中包含特称描述语的默认解读。此外，听话人在接收到含特称描述语的话语刺激后，也可能在关联的交际原则引导下，进行较费力的语用充实，在语境假定中提取有可及性、关联性适中的信息来进行语用充实，从而形成完整命题形式，并在关联论引导下进行语用推理，得出显义，其中包含特称描述语的非默认解读。本书主体部分的分析将验证该理论框架的可行性。

第 4 章

概念编码与特称描述语理解

本章将探讨概念编码在特称描述语理解中的作用及如何参与理解，由于关联论认为定冠词 the 主要编码的是程序意义，本章将首先聚焦特称描述语中名词性短语这一概念编码。具体内容如下：4.1 节为概念编码，4.2 节为完整性特称描述语理解中的概念编码，4.3 节为不完整特称描述语理解中的概念编码，4.4 节为松散性特称描述语理解中的概念编码，4.5 节为错误类特称描述语理解中的概念编码，4.6 节为本章小结。

4.1 概念编码

如第 3 章的图 3 - 1 所示，关联论区分了三种意义，即语言意义（编码意义）、显义和含意，但是维持话语意义表征的两层说，即只划分成显义和含意。语言意义是编码的、组合性的、不受语境影响的（The linguistic meaning is coded, compositional and context-invariant）（Ariel，2002）。但是表达语言意义的语言编码在语义上是不确定的，需要语用充实后成为完整命题形式才能判断其命题真假。

如第 3 章图 3 - 2 所示，关联论将语言编码进一步细分为概念编码和程序编码[①]。这两种编码都参与加工显义和含意。不同之处是，概念编码可以促进显义和含意的生成，程序编码可以通过制约意图语境和认知效果的建构，来制约显义和含意的生成。本研究中的概念编码指的是话语中编码了概念的语言。举例来说，实义词 bear 是一个概念编码，它的编码的概念内容（encoded conceptual content）[②]，也就是它编码的概念（encoded concept）是 BEAR[③]。but、so 等词汇是程序编码，它们的编码的程序内容（encoded procedural content）制约着语言使用者的推理过程，是推理过程的指针（procedural expressions act as "pointers"

[①] 关联论的最新研究认为，有的语词既编码了概念意义又编码了程序意义（Wilson，2016），因此处只讨论特称描述语，故采用关联论对概念和程序意义的标准解释（standard account）。

[②] 因全书还涉及"个体概念""描述概念"等术语，因此书中提及"编码的概念"时，倾向于使用"编码的概念内容"，以便与其他概念区分。

[③] 关联论中字母全部大写的单词代表一个概念。

to certain inferential procedures）（Wilson，2016）。也可以说，编码的程序内容是"一种编码信息，该信息限制了其所在逻辑表达式的语用加工结果"［（encoded）procedural content views it as encoded information which limits the output of pragmatic processing of the LF in which it occurs］（Puglisi，2014）。

另外，概念与程序意义的区分是基于认知的，表明两种不同的加工过程。概念编码总是与概念有关。自然语言中的程序编码总是与语言使用者的状态有关（states of language users）。当我们说某种语言的一个特定表达（语言编码）编码了某个概念或程序，是指该语言的内在语法和词汇与认知系统中的其他部分互动，从而激活该编码总会系统性地激活相关的概念或程序，反之亦然（Wilson，2016）。

关联论中定义的概念是大脑中的"一种记忆地址，可以由此获取三种条目，即词汇、逻辑和百科这三类信息"（…a concept is a kind of "address" in memory which provides access to three kinds of "entry", containing three types of information：lexical，logical and encyclopaedic）（Sperber & Wilson，2001；Clark，2013）。其中，百科条目提供关于某概念的物体、事件或属性的信息，这些信息都源自于背景知识和个人经验。举例来说，概念编码 bear 编码了概念 BEAR，其词汇条目提供的信息为：该词为名词，发音是/beər/；逻辑条目提供的信息为：这是动物类；百科条目提供的信息为：对人很危险，食肉，凶猛，通身具毛，主要分布在北半球等。"通常词汇和逻辑条目被说同一种语言的人们所共享，而百科条目存在个体差异"（Clark，2013）。本章聚焦概念编码，与之相关的是编码的概念，其获取的三种条目，除了共享的词汇和逻辑条目外，相应的百科条目也是比较规约化的、凸显的信息。编码概念与临时性建构的概念（ad hoc concept）存在明显差异，后者是基于认知语境对于编码概念进行调整后的产物。例如 FLAT 是编码了"绝对平整"的概念，而在理解 flattyre 中，交际者调整了编码概念，建构了临时性概念 FLAT＊①。

---

① 星号表示这是临时性建构的概念。

尽管关联论对于概念编码在话语解读中的作用有过不少论述（Wilson & Carston，2006，2007），但是他们没有详细探讨特称描述语的概念编码对于确定其语义有何作用。而对 Russell 派而言，定冠词 the 严格限定唯一性，也就是说，the 编码"有且仅有一个"的语言意义。The F 的语义就是"有且仅有一个 F"。F 可以由多个词语组成，根据 Russell 的原子主义主张，这些词语成分都是我们所亲知的（all the constituents are really entities with which we have immediate acquaintance）（Russell，1905）。此外，特称描述语被视为指谓短语，它不直接指称事物，而是通过某一个特定的事物满足其描述内容，从而产生指谓关系。追随 Russell 的语言学家同样坚持语义最小论，认为特称描述语只具有字面量化意义（literal quantificational meaning）（Bach，2004）。

但是 Strawson（1950）意识到特称描述语中名词短语的作用，他认为 Russell 只聚焦定冠词的语义，忽视了 F 的重要性，而特称描述语中的名词短语所提供的语义信息恰恰对于确定指称、限定唯一性起着重要作用。他（1950）指出"当需识别指称时，名词的描述力是如此，以至于它们更有效地确保了意图中的唯一指称"（the descriptive force of nouns to be such that they are efficient tools for the job of showing what unique reference is intended when such a reference is signalized）。正如 2.4 节所述，不同学派对于编码意义在确定其语义中的作用存在争议，在界定好概念编码后，下文将重点讨论概念编码对于特称描述语理解的作用。定冠词 the 这一程序编码，因其涉及语言使用者的状态，所以将放到第 5、6 章进行讨论。

4.2 完整性特称描述语理解中的概念编码

完整性特称描述语一般可以根据其描述内容识别出唯一的一个对象（Puglisi，2014）。完整性特称描述语由于其描述内容足够充分，符合其描述的个体通常只有一个，一般可以根据其描述内容识别出唯一的一个对象。比如，the president of the USA in 1986 就是一个完整性特称描述语（Recanati，1986），其描述内容相对充足，使听话人有可能凭借其描述内容识别出相应个体。这类特称描述语除了定冠词 the 和单数名词短语外，通常还带有一些用以解释的修饰语。如 2.1 节所述，Hawkins（1978）总结了几种这样的特称描述语，比如：

（1）带建立指称对象关系从句的特称描述语（DD with Referent-establishing Relative Clauses）；

（2）带名词短语补足语的特称描述语（DD with NP-Complements）；

（3）带关联小句的特称描述语（DD with Associative Clauses）；

（4）带名词修饰语的特称描述语（DD with Nominal Modifiers）；

（5）带最高级修饰语和关系小句的特称描述语（DD with Superlative Modifiers and Relative Clauses）。

列举了以上这些完整性特称描述语后，我们接着探讨概念编码在理解这些完整性特称描述语中的作用。比如外国游客在面对充满地方历史艺术特色的苏州博物馆时，尽管不太清楚该博物馆的建筑师是谁，但是游客触景生情感叹了一句：

① The architect of Suzhou Museum is brilliant. （面对苏州博物馆，在不清楚其建筑师信息的情况下，外国游客发出感慨。）

按照 Russell 的观点，the F is G 这样的话语结构应该做如下分析：

$$\exists x \left[Fx \ \& \ \forall y \ (Fy \rightarrow x = y) \ \& \ Gx \right]$$

在这个符号表征中，F 代表 architect of Suzhou Museum，G 代表 brilliant。该公式的意思是，存在一个实体 x，x 是苏州博物馆建筑师（architect of Suzhou Museum），如果任何一个实体 y 是苏州博物馆建筑师（architect of Suzhou Museum），那么 y 就等于 x，并且 x 很有才华（brilliant）。在该公式中，同一性发挥了重要作用：既然存在一个苏州博物馆建筑师，你挑出任何一个实体 y，如果该实体 y 是苏州博物馆建筑师，那么该建筑师一定等同于 $\exists x$（Fx）这个符号所断言的那个苏州博物馆建筑师 x，也就是任何一个 y 都等同于 x。因此，该公式表达了"有且仅有一个这样的实体"。如果用语言表达，那么这个句子表达了三个命题，即第一，存在一个苏州博物馆建筑师；第二，苏州博物馆建筑师不多于一个；第三，该个体很有才华。

对句①中的特称描述语，如果撇开定冠词 the 不看，architect、of、Suzhou、museum 这些概念编码可以帮助听话人激活大脑中的相关概念，该特称描述语的编码的概念内容就是 ARCHITECT OF SUZHOU MUSE-UM（苏州博物馆的建筑师）。虽然世上有很多个建筑师，但是限定到设计苏州博物馆的建筑师通常就只有一个了。该概念编码的描述内容足够充分，结合定冠词 the①，能够帮助听话人得出"有且仅有的一个苏州博物馆建筑师"的属性解读，相关完整命题"有且仅有的一个苏州博物馆建筑师很有才华"也可以联系现实判断其真假。

当该特称描述语用作指称用法时，交际双方脑海中本来就储备了苏州博物馆的建筑师是"贝聿铭"这个信息，听话人根据 ARCHITECT OF SUZHOU MUSEUM 的编码概念检索出了相应的所指，获取相应的指称解读即"贝聿铭"。

由此可见，概念编码对于帮助特称描述语获取属性语义作用很大，实际上概念编码是其属性语义的重要组成部分。但是该概念编码并不能确保一定会获取属性解读，因为该概念编码还可以帮助获取指称解读，所以概念编码不是获取属性解读的充分条件。而属性解读"有且仅有的一个苏州博物馆建筑师"必定包含了特称描述语中的概念编码"苏州博物馆建筑师"，因此概念编码是获取属性解读的必要条件②。简言之，概念编码是帮助特称描述语获取属性解读的必要不充分条件。

概念编码对于帮助特称描述语获取指称语义的作用相对较小。同样，概念编码并不能确保一定会获取指称解读，所以概念编码不是获取指称解读的充分条件。指称解读"贝聿铭"不一定能直接推理出

---

① 由于本章只聚焦概念编码在特称描述语理解中的影响，没有过多讨论定冠词 the 的程序制约影响，因此对特称描述语的具体理解过程描述比较简略，详细过程见第 5 章。

② 总体而言，概念编码对解读不同特称描述语都很重要，概念编码这样的话语刺激是话语理解的起点。这里的必要条件是指，相对于解读完成的显义而言，概念编码是否某个具体显义生成必不可少的条件，也就是从该具体显义能直接推出该概念编码的存在。

"苏州博物馆建筑师"这一概念编码,"贝聿铭"可以与"最优秀的中国建筑师"等概念编码相联系。因此,编码的概念内容不是该特称描述语指称语义的必要组成部分,从这个角度说,概念编码不是获取指称解读的必要条件。简言之,概念编码是帮助特称描述语获取指称解读的非充要条件。

值得指出的是,完整性特称描述语通常很少用作类指用法。虽然特称描述语可以用于指称类别,被称为"类指性名词短语"(generic NPs)或"类型指称性名词短语"(kind-referring NPs),但是这些名词短语主要指称一些规约化的固定类别范畴(Puglisi,2014),比如 the whale、the tax collector、the lobo 等。语言编码复杂的特称描述语通常是说话人选择心理词库的各个单独概念,临时组合而成的一个整体概念。在说话人逐字逐句讲出这个概念之前,听话人长期记忆的百科知识中并没有储备这些固定的类型,所以他们很难根据该编码概念去检索到脑海中的相应类别。但是正如第 3 章 3.2.1 所述,关联论视角下的语境指的是一个心理建构体,而人存在个体差异,因此某些固定类型可能对于一些人可及而对于另一些人不可及。此外,不排除为了满足关联期待,听话人根据完整性特称描述语提供的相对复杂的语言编码,寻找更多语境假定去费力建构一个类型概念的可能性。总的来说,the architect of Suzhou Museum 这个编码很难激活人们头脑中百科知识储备的这个整体概念,人们头脑中并没有"苏州博物馆的建筑师们"这一规约化的类别范畴。同理,ARCHITECT OF SUZHOU MUSEUM 的编码概念通常也不能引导听话人去检索相应的类型,而只会引导听话人去检索一个相关个体。因此,对于完整性特称描述语,暂不讨论概念编码对其获取类指语义的作用。

同理,句②中完整性特称描述语可作如下分析:

② The woman Bill went out with last night was nasty to him.(对话双方均不清楚 Bill 约会对象的具体身份,基于 Bill 约会回来后的反应,说话人说出此话。)

句②包含一个带有定语从句的完整性特称描述语，撇开定冠词 the，名词短语所编码的概念内容为 WOMAN BILL WENT OUT WITH LAST NIGHT（昨晚与 Bill 外出的女人）。该概念编码的描述内容足够充分，能限定出通常只有一个个体能满足该描述。结合定冠词 the，能够帮助听话人得出"有且仅有的一个昨晚与 Bill 外出的女人"的属性解读。相应的完整命题为"无论这个女人是谁，这唯一一个昨晚与 Bill 外出的女人对 Bill 不好"。可见，对于完整性特称描述语而言，概念编码很大程度上决定了其属性语义，是组成属性语义的必要不充分条件。当然，该概念编码也能帮助听话人激活大脑中更多的百科知识，但根据情境，我们知道交际双方脑海中都没有储备 Bill 约会对象的具体信息，因此该概念编码无法帮助听话人获取相应的指称语义。

我们再来看一下带最高级修饰语的完整性特称描述语：

③ The best architect in China designed Suzhou Museum. （面对苏州博物馆，在不清楚其建筑师信息的情况下，外国游客发出感慨。）

句③包含一个带有最高级修饰语的完整性特称描述语，撇开定冠词 the，该特称描述语包含一个形容词最高级 best，名词中心词后面还跟有介词短语进一步限定其是中国范围内最好的建筑师，因此名词短语所编码的概念内容为 BEST ARCHITECT IN CHINA（中国最好的建筑师）。该概念编码的描述内容同样足够充分，能限定出通常只有一个个体能满足该描述。当然，这个概念编码除了能激活编码的概念，还可以帮助听话人激活大脑中的更多百科知识。但根据情境，我们知道说话人和听话人脑海中都没有储备设计该博物馆建筑师的具体信息，因此该概念编码无法帮助听话人获取相应的具体指称对象，得到相应的指称解读。既然听话人根据概念编码检索不出相应的具体指称对象，那么结合定冠词 the，听话人可以得出的完整命题为"无论这个建筑师是谁，有且仅有一位中国最好的建筑师设计了苏州博物馆"。同样，该特称描述语的概念编码很大程度上决定了其属性语义，是获取该属性语义的必要不充分条件。

但是对于句①、句②和句③来说，如果听话人具备相关的背景知识，那么其属性语义就可能不是该完整性特称描述语的最恰当解读了。

如果交际双方拥有相关百科全书知识，那么当说话人说出句①时：

① The architect of Suzhou Museum is brilliant. （交际双方都知道设计苏州博物馆的是祖籍苏州的美籍华裔建筑师贝聿铭，面对苏州博物馆，外国游客发出感慨。）

句①中特称描述语的概念编码 architect of Suzhou Museum，激活了编码的概念内容 ARCHITECT OF SUZHOU MUSEUM（苏州博物馆的建筑师），还激活了听话人大脑中更多的百科知识。根据情境得知，交际双方脑海中本来就储备了"苏州博物馆的建筑师是贝聿铭"这一信息，那么编码的概念内容 ARCHITECT OF SUZHOU MUSEUM 就能成功识别出唯一的所指对象，获取相应的指称解读即"贝聿铭"。此时特称描述语的概念编码对于帮助获取其指称语义有一定作用，但是，该编码的概念内容并不是特称描述语指称语义的组成部分。从这个角度说，概念编码不是其获取指称语义的充分必要条件。因此，句①的完整命题为"贝聿铭很有才华"，该完整性特称描述语的指称对象为贝聿铭，"有且仅有一个苏州博物馆建筑师"这样的属性语义就恐怕不是听话人首选的语义了。

假如交际双方都认识跟 Bill 约会的女人 Mary，那么当说话人说出句②时：

② The woman Bill went out with last night was nasty to him. （交际双方认识跟 Bill 外出约会的女人 Mary，基于 Bill 约会回来后的反应，说话人说出此话。）

这个完整性特称描述语的概念编码包含名词中心词及后面跟的关系从句，编码的概念内容 WOMAN BILL WENT OUT WITH LAST NIGHT，即"昨晚与 Bill 外出的女人"，可以很快帮助听话人检索到脑海中的指称对象 Mary。此时，对句②的解读不再是"无论这个女人是谁，这唯一一个与 Bill 外出的女人对他不好"。听话人也不会对这个特称描述语作属性解读，而是直接将句②解读为"Mary 对 Bill 不好"，而这个命题可以根据现实情况判断其真假。此时特称描述语的概念编码对于帮助获取其指称语义有一定作用，但是其概念编码不是获取指称语义的充要条件。

同理，当说话人说出句③时：

③ The best architect in China designed Suzhou Museum.（面对苏州博物馆，外国游客发出感慨。交际双方都知道设计苏州博物馆的是贝聿铭，他是祖籍苏州的美籍华裔。）

句③包含一个带有最高级修饰语的完整性特称描述语，撇开定冠词 the，编码的概念内容 BEST ARCHITECT IN CHINA（中国最好的建筑师）可以帮助识别出唯一指称对象，前提是该指称对象储存在交际者的大脑中。根据情境，美籍华裔建筑师贝聿铭也就是 BEI YUMING 的从物概念确实存在于交际者脑海里，因此该概念编码可以帮助听话人获取相应指称语义。句③可以解读为"贝聿铭设计了苏州博物馆"而不是"无论这个人是谁，有且仅有一个最好的建筑师设计了苏州博物馆"。属性语义同样也不是听话人首选的解读。

综上所述，基于对完整性特称描述语的总结分类，发现概念编码通常可以帮助解读完整性特称描述语。相应的编码的概念内容均参与到属性和指称解读过程中。特别是完整性特称描述语用作属性用法时，概念编码是获取相应语义的必要不充分条件。完整性特称描述语用作指称一个具体指称物时，该概念编码对于解读的作用有限，编码的概念内容不是该特称描述语指称语义的必要组成部分，从这个角度说，概念编码不是其获取指称语义的充要条件。概念编码通常也不能激活相应的类指解读，因为本族语者通常用特称描述语指称一些规约化的固定类别范畴。

4.3 不完整特称描述语理解中的概念编码

所谓不完整特称描述语①指的是"其描述语没有传达足够的描述信息将一个单一个体与其他可能指称到的事物区别开来"（Incomplete definite descriptions do not convey enough descriptive information to isolate a single individual from all of the things that could potentially be referred to）（Nichols，2014）。比如世界上有很多张桌子，当人们说"the table"时，这就是一个不完整描述语，满足"the table"描述的桌子太多了，以至于不能将该描述语指称的桌子与其他桌子区别开来。

但是根据 Russell 的分析，the table 的属性语义就是"有且仅有一张桌子"。对此 Strawson（1950）早就提出质疑：

Russell 指出，短语 the so-and-so 严格地说来是应用于只有唯一一个某某的场景下。句子 the table is covered with books 中稀松平常的 the table 用来表示"有且仅有一张桌子"，这明显是错误的。

（Russell says that a phrase of the form "the so-and-so", used strictly, "will only have an application in the event of there being one so-and-so and no more." Now it is obviously quite false that the phrase "the table" in the sentence "the table is covered with books", used normally, will "only have an application in the event of there being one table and no more".）

Russell 派为了弥补特称描述语形式分析中的缺陷，Neale（1990）总结了两种手段来处理不完整特称描述语。第一是显性手段（explicit approach），不完整特称描述语是完整描述语的省略形式，因此需要通过语境将描述内容补充完整，比如可以将 the table 补全为 the table over

---

① 根据第 1 章的特称描述语类型界定，不完整特称描述语也包括严谨性和松散性两种。为了聚焦本节的研究重点，本小节暂时只讨论不完整特称描述语中严谨性的类型。不完整特称描述语松散性的类型将放到下一节讨论。

there。第二是隐性手段（implicit approach），话语语境限制了属性语义应用的范围，因而其描述内容是恰当的。比如交际双方是在房间里，那么其属性语义应用的范围就是该房间，the table 指的是该房间里的唯一一张桌子。尽管 Neale 竭力维护 Russell 派的分析，但他所提到的这两种手段遭到很多学者的质疑（Hornsby，1977；Wettstein，1981；Recanatti，1986），质疑的焦点包括如何补全不完整特称描述语？哪些信息可以作补全之用？人们选择补全信息以及语境范围的依据是什么？Wettstein（1981）更是指出特称描述语是作指称用法，因此无须考虑特称描述语描述内容的完整与否，判断命题的真假时，人们应该考虑的是指称对象而非描述内容。鉴于围绕不完整特称描述语的争议很多，我们先从概念编码着手，审视编码语义对命题真值的影响。

不完整特称描述语可以用作属性用法，用来限定唯一一个个体的存在，如句④：

④ The murderer is insane.（2017 年 6 月下旬在美留学的中国学生章莹颖失踪数日，警方推测该失踪留学生已遇害，但尚不知凶手是谁。看到这则报道的人发出感慨。）

对于该不完整特称描述语，如果撇开定冠词 the 这一程序编码，编码的概念内容就是 MURDERER（凶手）。尽管正常成年人都知道凶手的概念意义，即"杀人者"，但是仅凭这个编码的概念内容，不足以让听话人获取相应的属性语义。如果我们坚持将该特称描述语解释为 Russell 派的分析，即"有且仅有一个凶手"，那么相应的命题为"有且仅有一个凶手，无论他是谁，他是疯子"。事实上，这个世界上远不止一个凶手，杀人者不计其数，句子命题显然与现实情况相违背，那么该命题为假。实际上，句④的命题内容应该是"唯一一个杀害章莹颖的凶手，无论他是谁，他是疯子"。因此，对于获取不完整特称描述语的属性语义，概念编码虽是解读的起点，但所起的作用有限，是其必要不充分条件。也就是说，单凭 murderer 的概念编码，即便加上定冠词 the，也不能直接得出"唯一一个杀害章莹颖的凶手"这一属性解读，概念编码不是获取属性解读的充分条件，但是 murderer 是获得相应的属性语义的必不可少的条件，有"唯一一个杀害章莹颖的凶手"这一属性解读，必定就有 murderer 这一概念编码。但是听话人是如何通过 the murderer，扩展出该特称描述语的完整语义是"唯一一个杀害章莹颖的凶手"呢？听话人在理解该不完整特称描述语时做出了哪些处理努力？听话人解码该话语的同时，应该在话语处理过程中加入了语境假定，具体细节需要我们进一步探讨。

除了属性用法，不完整特称描述语还可以用作指称用法，我们仍以句④为例：

④ The murderer is insane.（通过不懈努力，警方终于锁定了犯罪嫌疑人 Brendt Christensen。媒体连篇累牍地报道了犯罪嫌疑人的相关行径：犯罪嫌疑人不仅酷爱虐杀游戏，而且经常访问变态网站，在出席章莹颖的追思会时他还试图物色下一个谋杀目标等。看了这些报道的人说出同样的话。）

同样，该不完整特称描述语的编码的概念内容仍是 MURDERER（凶手），但是单凭这一编码的概念内容，听话人无法完成话语解读，判断命题真假。该概念编码提供的描述信息无法将单一个体与其他可能指称到的事物区别开来。根据情境，我们知道媒体上已不断报道警方锁定的犯罪嫌疑人 Brendt Christensen，而这个人的身份及相关信息已经进入了说话人和听话人的百科知识。因此该编码的概念内容 MUR-DERER 触发听话人去找到说话人心目中唯一的那个对象，即 Brendt Christensen，该不完整特称描述语用作指称用法，这句话所表达的完整命题应该是"Brendt Christensen 是疯子"。根据媒体报道，Brendt Chris-tensen 具有很多疯狂的表现，命题与事实相符，因此可以判断该命题为真。可见，当不完整特称描述语用作指称用法时，其相应的概念编码虽是解读的起点，但是对于话语解读的作用有限，编码的概念内容不是该特称描述语指称语义的必要组成部分，从这个角度说，不是获取其指称语义的充要条件，更不能决定命题的真假。

除了具有属性用法和指称用法，不完整特称描述语还经常用作指称类别，例如：

⑤ The whale is a mammal. （Strawson，1950；Jaszczolt，2005）（课堂上，教师正在解释海洋生物的一些特性。）

在句⑤中，对于该不完整特称描述语，如果撇开定冠词 the 这一程序编码，其编码的概念内容就是 WHALE（鲸鱼）。尽管正常成年人都知道鲸鱼的概念意义，但是仅凭这个编码的概念内容，不足以让听话人获取相应的属性语义或指称语义。the whale 这个不完整特称描述语显然不能理解为"有且仅有一只鲸鱼"，这个解读与人们的常识判断相冲突，世界上显然有很多种类的鲸鱼。当说话人并没有站在海边面对一条特指的鲸鱼时，该话语只能是泛指鲸鱼这类动物，于是该命题为"鲸鱼类是一种哺乳动物"。有"鲸鱼类"的类指语义，就必定有whale 这一概念编码。可见，不完整特称描述语用作指称类别时，其概念编码对于理解这类特称描述语有帮助，是获取其类指语义的必要不充分条件。

综上所述，在对不完整特称描述语进行定义后，本节探讨了概念编码在解读不完整特称描述语属性用法、指称用法、类指用法上的作用。当不完整特称描述语用作这三种用法时，孤立依靠概念编码都不太可能恰当地解读出描述语的语义，相应的命题也无法判断其真假。具体说来，当不完整特称描述语用作指称用法时，概念编码不是获取其指称语义的充分必要条件。当不完整特称描述语用作属性用法和类指用法时，概念编码是获取其相关语义的必要不充分条件。

4.4　松散性特称描述语理解中的概念编码

在探讨了概念编码在理解完整性特称描述语和不完整特称描述语中的作用后，本书将继续研究概念编码对理解松散性特称描述语的作用。所谓松散性特称描述语，其"松散性"的命名来源于关联论中所谈的语言的松散使用（Sperber & Wilson，2001），在这里松散性特称描述语特指含隐喻的特称描述语和含转喻的特称描述语。此外，我们将习语中出现的特称描述语也纳入到松散性特称描述语中。尽管 Russell 在讨论特称描述语时并没有提及含隐喻和转喻的特称描述语，但是这些均符合特称描述语 the F 的定义，并在一些语言学家的研究中被零星提及（Powell，2010；Rebollar，2015）。

对很多人来说，隐喻被视为一种"诗学想象"的工具和修辞手段，与日常语言是有区别的（Lakoff & Johnson，2003），但是在关联论者看来，除了文学类隐喻，大多数隐喻都传达命题内容，是说话人明示表达的意思，隐喻与普通语言没有截然不同的划分（Carston，2002，2010a，2010b；Carston & Wearing，2011；Rubio-Fernández，et al.，2016）。同样，转喻传统上也被视为一种修辞手段，是辞格描述的语言非字面用法（陈新仁，2008；曹燕黎，2015b；Rebollar，2015）。典型的转喻代替包括用作者代替作品，用机构代替人，用物品代替物品持有者，用地点代替事件等。但是在关联论者看来，转喻通常与日常语言也没有泾渭分明的划分，转喻涉及的话语推理与日常话语理解并无本质不同（Papafragou，1995，1996；陈新仁，2008；Rebollar，2015）。此外，陈新仁（2015）也指出隐喻和转喻的理解，其语义迁移这种认知加工过程应纳入所言，也就是显义的研究范围中。那么在关联论这样的语境论视角下研究含隐喻的特称描述语和含转喻的特称描述语的意义识解，应当属于语义学的研究领域。

Russell 派在讨论特称描述语 the F 时，认为 the 是一个量化词，限定"有且仅有一个"，而 F 的语言编码对应概念表征。特称描述语不直接指称事物，而是通过某一个特定的事物满足其描述内容，从而产生指谓关系。比如说，特称描述语 the white horse，其语义为"有且仅有一匹白马"，the 限定"有且仅有一个"，white horse 指谓 WHITE HORSE（白马）这个概念。如果现实生活中真的只有一匹白马满足该描述，那么该指谓短语就有其外延（denotation）。值得指出的是，除了对 the 的量化分析，Russell 所考虑的 F 全为常规的实义词，而"大多数理论的初始假定是规则实义词通过编码概念产生话语意义"（A starting assumption for many theories is that regular content words contribute to utterance meanings by encoding concepts）（Clark，2013）。于是好像只需通过语言编码就可以直接获取相关概念，完成话语解读。但事实上，在真实交际中，人们处理话语时经常基于语境调整其编码概念，以解读出交际者想表达的确切意义，含隐喻的特称描述语和含转喻的特称描述语更是如此。Russell 试图形式化、符号化特称描述语，Russell 派也试图在形式语义学范畴内解释特称描述语，但是似乎对这种语言现象的解释不太令人满意。

Russell 派试图诉诸 Grice 的合作原则来解释这类松散性特称描述语，认为这是违反了质准则，虽然说话人的所言是假的，但是其所含表达的命题是真的。但是关联论认为，这种处理方式违背人们的本能直觉，忠实于字面义这一准则或规则根本就不存在。事实上，字面义并不优先于非字面义，我们并不是先获取字面解读再推理出非字面义（Clark，2013）。词汇语用学（Wilson，2004；Carston，1996，2002；Wilson & Carston，2007）认为，人们在理解话语时，可以根据编码的概念建构临时性概念，主要通过两种方式：对词汇编码概念的放宽和收缩。如前所述，概念是大脑中的"一种记忆地址，可以由此获取三种条目，即词汇、逻辑和百科这三类信息"（Clark，2013）。其中，百科条目提供关于某概念的物体、事件或属性的信息，这些信息都源自背景知识和个人经验。由于 F 所对应的编码的概念通常要放宽或收缩才能获取相关语义，并促成完整命题的生成。而编码概念的调整更需要语境的参与，因此下面将分别分析含隐喻的特称描述语和含转喻的特称描述语，试图找出概念编码如何影响其理解。

当含隐喻的特称描述语作属性用法时，如句⑥所示：

⑥ The devil deserves punishment.（2017 年 6 月下旬在美留学的中国学生章莹颖失踪数日，警方推测该失踪留学生已遇害，但尚不知凶手是谁。看到这则报道的人发出感慨。）

在句⑥中，对于该松散性特称描述语，如果撇开定冠词 the 这一程序编码，其编码的概念内容就是 DEVIL（魔鬼）。尽管正常成年人都知道魔鬼的概念意义，但是仅凭这个编码的概念内容，不足以让听话人获取该特称描述语相应的属性语义或指称语义。如果按照 Russell 派的分析，那么 the devil 的属性语义是"有且仅有一个魔鬼"。首先魔鬼是一个虚构的实体，常见于宗教书籍中，魔鬼到底存不存在尚不清楚，其"存在性"遭到质疑。其次，即便存在魔鬼，这世界上也不会只有一个魔鬼，其"唯一性"也遭到质疑。根据 Russell 派所规定的属性语义，我们得出的命题是"有且仅有一个魔鬼应得到惩罚"，显而易见这样的属性语义并不能帮助我们判断该话语命题的真假。实际上，在具体情境中，我们知道自中国留学生章莹颖被绑架失联后，有铺天盖地的相关报道，但凶手是谁尚不清楚。于是听闻消息的人感叹 the devil 时，编码的概念 DEVIL 要基于语境调整为 DEVIL＊，代表像魔鬼一样邪恶的人，而这个人杀害了留学生章莹颖。其临时性建构的概念内容可以帮助听话人建构相应的描述概念。由于这个人的具体身份并不在交际者的百科知识中，所以结合定冠词 the、the devil 这个松散性特称描述语解读为"唯一一个杀害了章莹颖的人"。可见，含隐喻的特称描述语用作属性用法时，其概念编码对促进其解读的作用有限，是其解读成功的非充要条件。

含隐喻的特称描述语也可用于指称，以同一句话为例：

⑥ The devil deserves punishment.（后来，经过警方的持续调查追踪，发现一名涉嫌绑架杀害章莹颖的 27 岁男子 Brendt Christensen。他前后口供不一致，其副驾驶位车门呈现过度清洗的痕迹，在监听录音中警方听到嫌犯亲口描述自己如何绑架章莹颖，但是庭审时嫌犯拒不认罪。听闻这个消息的人说出了同样一句话。）

在句⑥中，对于该含隐喻的特称描述语，编码的概念内容也是 DEVIL（魔鬼）。显然，在这里 Russell 派所规定的属性语义"有且仅有一个魔鬼"并不能帮助我们判断该话语的命题真假，这里的 the devil

的意思既不是"有且仅有一个魔鬼",也不是"唯一一个绑架了章莹颖的像魔鬼一般的人"。编码的概念内容 DEVIL 还需调整,才能帮助我们唯一识别到情境中的指称对象 Brendt Christensen,获取话语的完整命题内容"Brendt Christensen 应得到惩罚"。可见,含隐喻的特称描述语用作指称用法时,其概念编码对促进其解读的作用有限,不是其解读成功的充要条件。但是人们是如何解读这个含隐喻的特称描述语以获取其相关指称语义的?除了概念编码,还有哪些因素参与到话语的理解中?可能的回答是,除了概念编码外,语境和程序编码也参与到话语理解中,为了满足关联期待,听话人寻找到更多语境假定来解读该话语。但具体细节还有待在接下来的章节中进一步探讨。

含隐喻的特称描述语同样可以指称类别,如下所示:

⑦ The cunning fox is up to his familiar tricks. (为了教导刚刚踏入职场的孩子,提醒他注意职场中一些尔虞我诈的行为,提防一些口是心非的职场小人,父亲说出这句话。)

句⑦中,含隐喻的特称描述语 the cunning fox,单凭其编码的概念内容 CUNNING FOX,即"狡猾的狐狸",并不能帮助听话人完成话语的顺利解读。尽管正常成年人都知道"狡猾的狐狸"的概念意义,但是仅凭这个编码的概念内容,不足以让听话人获取相应的属性语义或指称语义。即便加上定冠词,Russell 派规定的属性语义"有且仅有一只狡猾的狐狸"也不是说话人明确表达的所言。这个解读与人们的常识判断相冲突,世界上显然有很多只狡猾的狐狸,其规定的"唯一性"受到质疑。实际上,在具体语篇和情境中,交际者得知这是父亲在指导刚入职场的孩子,并且说话人并没有特指一个具体的对象。听话人必须要基于语境假设对编码的概念内容 CUNNING FOX 进行概念的调整,最后才能得出"职场中狡猾的人们"这样的类指语义。可见,含隐喻的特称描述语用作指称类别时,其概念编码会对这类特称描述语的理解产生影响,是获取其类指语义的非充要条件。

根据以上对含隐喻的特称描述语的分析,我们发现特称描述语的概念编码是话语理解的起点，但是并不能直接帮助解读出特称描述语在属性用法、指称用法和类指用法上的意义，也就是说概念编码对理解含隐喻的特称描述语作用有限。

接下来，我们要探讨概念编码在理解含转喻的特称描述语中的作用。转喻应该被纳入指称的总体范围内（陈新仁，2008），转喻同样可以用作属性用法、指称用法和类指用法。

转喻作属性用法时，如下句所示：

⑧ Where is the brain that we need? （Rebollar，2015）（一家公司急招一名精通 IT 业务的工作人员，公司负责招聘的人力资源经理说了这句话。）

句⑧中，含转喻的特称描述语 the brain that we need，单凭其编码的概念内容 BRAIN THAT WE NEED（我们需要的大脑）并不能帮助听话人完成话语的顺利解读。尽管正常成年人都知道"大脑"的概念意义，但是仅凭这个编码的概念内容，不足以让听话人获取该特称描述语相应的属性语义或指称语义。实际上，在具体情境中，我们知道这是急招人才的人力资源经理所说的话，编码的概念内容 BRAIN THAT WE NEED 要基于语境调整为临时性概念 BRAIN THAT WE NEED＊，从而让听话人能限定出我们需要的 IT 人才的唯一性。根据情境，我们知道不等招聘结束，无人知晓此人才的具体身份特征，既然这个人的具体身份并不在交际者的百科知识中，那么结合定冠词 the、the brain that we need，这个松散性特称描述语实际指称的是"无论是谁，有且仅有一个我们需要的 IT 人才"。可见，含转喻的特称描述语用作属性用法时，其概念编码虽能影响话语的解读，但不是其解读成功的充要条件。

转喻多作指称用法，用来指代相关事物。引用 Nunberg（1978）提到的一个经典转喻例子：

⑨ The ham sandwich is getting restless. （餐馆里，服务员提醒赶紧做菜。）

句⑨中，含转喻的特称描述语 the ham sandwich，单凭其编码的概念内容 HAM SANDWICH（火腿三明治）并不能帮助听话人完成话语的顺利解读。相应的命题"火腿三明治不耐烦了"在现实世界中很难成真。实际上，在具体情境中，我们知道这是餐馆里，服务员出于省力的考虑，用菜名来指称点该菜的顾客。该编码的概念内容 HAM SAND-WICH 要基于语境调整为临时性概念 HAM SANDWICH∗，帮助我们去唯一识别餐馆中那个点了火腿三明治的顾客 John。因此，如果听话人是另一个餐馆服务员，通过提供服务，这个指称对象在其脑海中，那么该特称描述语指的是那位点了火腿三明治的顾客，比如 John。对于厨师而言，指称对象并不在其脑海中，该特称描述语只能解读为"有且仅有一位点了火腿三明治的顾客"。可见，当含转喻的特称描述语用来识别一个特定对象时，单凭概念编码不能满足其解读需要，不是其解读成功的充要条件。

转喻可作类指用法，用来指代相关一类事物。比如：

⑩ The pen is mightier than the sword. （Rebollar，2015）

在句⑩中，对于这两个含转喻的特称描述语，如果撇开定冠词 the 这一程序编码，编码的概念内容分别是 PEN（笔）和 SWORD（剑）。其编码的概念内容显然不能为生成话语的完整命题做直接贡献，而需要基于语境建构临时性概念 PEN∗ 和 SWORD∗，从而分别代表文字或文字的力量和武力。加上定冠词 the 以后，该松散性特称描述语既不能解释为"有且仅有一支笔"或"有且仅有一把剑"，也不能解释为"有且仅有一个字"或"有且仅有一支武力"，这样的解读都是违背常识的。全句的完整命题其实是"文字的力量胜过了武力"，这里含转喻的特称描述语都用于类指。可见，当含转喻的特称描述语用于类指时，其概念编码不能完全满足其解读需要，不是其解读成功的充要条件。但是含转喻的特称描述语的类指语义是如何获得的？除了概念编码，

82

显然还有语境和程序编码参与到话语的理解中。听话人为了寻求最佳关联，会搜寻相关语境假定来调整该编码的概念内容。具体细节有待我们进一步探讨。

　　除了以上提到的含转喻和含隐喻的特称描述语，还有一种例外情况也包括在松散性特称描述语中，那就是习语中的特称描述语。以《生活大爆炸》中的对话为例：

⑪ Sheldon：No，no，wait. Dr. Crawley，are you sure？

Professor Crawley：Young man，I've been studying insects since I was eight years old. You know what they used to call me in school？ Creepy Crawley.

Sheldon：Cruel as that may be，that is not in itself a credential.

Professor Crawley：Let me show you something. See that？ That's a Crawley's dung beetle. I discovered it after spending six months slogging through a Bornean rain forest，while my wife was back home shacking up with a two-bit ornithologist who lives on a sailboat and likes to wear boot-cut jeans！ So，when I tell you that it's a common field cricket，you can take that to the damn bank！ 'Cause God knows I can't！ That tramp took me for everything！

Sheldon：Well，apparently，I was wrong. Congratulations.

（《生活大爆炸》第 3 季第 2 集）

　　对话⑪中有一个习语 "take it to the bank"，编码的概念内容 BANK 可以是 BANK$_1$（银行）或 BANK$_2$（河岸）。孤立地来看这个特称描述语，其编码的概念内容不能引导听话人解除歧义，选择确定的语义。这里的 BANK 到底是银行还是河岸？"有且仅有一个银行"或"有且仅有一个河岸"这样的 Russell 式属性语义也不是说话人明确表达的所言。交际者基于语篇信息和百科知识获取语境假设，知道 take it to the bank 是习语，既然可以把东西带去银行说明东西货真价实，因此这个习语的意思是"某事确凿无疑"，听话人选择 BANK$_1$，这里的 the bank 是类指用法，泛指银行类。Crawley 教授说出此习语，是为了劝说 Sheldon 一定要相信自己的权威判断。但是交际者继续阅读下文，会发现 Crawley 教授又补上一句话，"'Cause God knows I can't"。交际者可能产生以下语境假设：Crawley 教授怨恨那个与他妻子有染的情夫，这个第三者住在船上。因此，他不愿意去河岸边，因为这会勾起他伤心的回忆。这里的 the bank 是一个双关用法，既编码 $BANK_1$ 又编码了 $BANK_2$，也就是既指"银行"，又指"河岸"。由上可知，有的概念编码可以对应不同的编码的概念内容，多义词或双关语就属于此类概念编码。既然编码的概念内容都需要选择并解歧，那么其对应的特称描述语更是无法在孤立语境中解读成功。此外，在习语中，特称描述语的编码的概念内容对话语解读有一定作用，但是话语解读的成功要依靠更多的语境因素。Russell 派在讨论特称描述语时较少谈及这种复杂情况，但是在实际交际中，这样的话语并不鲜见，语言学家仍需要向我们解释这些话语的理解机制。

综上所述，在理解松散性特称描述语时，无论特称描述语用作属性用法、指称用法还是类指用法，单凭其概念编码都不能成功理解含隐喻的特称描述语和含转喻的特称描述语，概念编码既不是解读成功的充分条件，也不是必要条件。有时单凭概念编码作字面解读还有悖于人们的常识和本能理解。此外，在理解习语中的特称描述语，特别是该描述语是双关语或多义词时，更需要挑选编码的概念内容，其对应的特称描述语无法在孤立语境中解读成功。但是值得指出的是，从 Grice 的角度看，说话人的话语是听话人推理说话人意图的证据，不完全靠解码获得。特称描述语的概念编码虽不能直接促成话语解读成功，却是听话人解读话语的起点和推理说话人意图的证据，使话语处理变得容易省力。

4.5　错误类特称描述语理解中的概念编码

错误类特称描述语首先由 Donnellan（1966）提到，Hornsby（1977）也举了相同的例子：当说话人看到法庭上被告的怪异表现，说出一句：

⑫ The murderer of Smith is insane.

但实际上，这个貌似疯癫的被告没有杀人，真正的凶手并不疯癫，且逍遥法外。那么该被告并不符合该特称描述语的描述。因此当说话人或者听话人意图中的指称对象不满足其名词短语的描述内容时，这类特称描述语被称为错误类特称描述语。接下来将分析概念编码对理解错误类特称描述语的作用。

前文介绍了访美留学生章莹颖在伊利诺伊大学附近失踪的案件，以下句为例：

⑬ The murderer of Zhang Yingying is insane. （访美留学生章莹颖失踪，生死未卜。有人在不清楚嫌犯信息的情况下，感叹了这一句。）

在句⑬的特称描述语 the murderer of Zhang Yingying 中，编码的概念内容 MURDERER OF ZHANG YINGYING （杀害章莹颖的凶手）会引领听话人去寻找相关的凶手。由于凶手的具体身份并不在听话人的百科知识里，因此听话人多半会作属性解读，即 the murderer of Zhang Yingying 指 "有且仅有一个谋杀了章莹颖的凶手"。但是在警方尚未调查清楚案情的情况下，人们尚不清楚杀害章莹颖的凶手有几个，而且警方仅是推测该失踪留学生遇害，目前尚未找到章莹颖的尸体，也存在章莹颖生还的可能性。所以，该特称描述语的描述内容有可能不准确。按照 Russell 的分析，如果凶手不止一个，该特称描述语就违反了 "唯一性" 原则，那么该命题为假。如果章莹颖并没有死，那么该特称描述语违反了 "存在性" 原则，谋杀章莹颖的凶手不存在，那么该命题仍为假。

此外，还有一种情况是，案情报道里称，嫌犯 Brendt Christensen 有浏览变态网站的喜好，他还有奇怪的性癖好，并且在羁押期间一直服用抗抑郁药，因而看到这个报道的人感叹一句：

⑭ The murderer of Zhang Yingying is insane. （说话人在得知嫌犯 Brendt Christensen 的怪习后，发出感慨。）

句⑭中，特称描述语的编码的概念内容 MURDERER OF ZHANG YINGYING （杀害章莹颖的凶手）也会引领听话人去寻找相关的凶手。由于凶手的具体身份已经在交际者的百科知识里，因此听话人会根据编码的概念内容检索到脑海中的嫌犯 Brendt Christensen，这个特称描述语用作指称用法，全句的完整命题为 "Brendt Christensen 是个疯子"。假如随着案情的深入调查，发现谋杀章莹颖的另有其人，但这个真正的谋杀者并没有很多奇怪疯狂的举动。那么根据 Russell 派的分析，该特称描述语 the murderer of Zhang Yingying 语义应该是 "有且仅有一个谋杀了章莹颖的凶手"，但是真正的凶手并不疯狂，因此该句的命题 "有且仅有一个谋杀了章莹颖的凶手是疯子" 为假。但是在那个场景下，说话人看了媒体报道后用特称描述语 the murderer of Zhang Yingying 专门指称嫌犯 Brendt Christensen，该句的命题应该是 "Brendt Christensen 是个疯子"，根据报道中 Brendt Christensen 的怪异举动，我们可以判断该命题为真。

可见在真实交际中，人们的本能判断有时与逻辑学家的判断相悖。在 Russell 派看来，这 "毕竟是说话人使用的描述语与其想表达的描述语不相符合，从这个程度上说该言语行为是有缺陷的" （After all, the description he used failed to fit the person S wanted to "talked about", and to that extent the speech act is defective） （Neale，1990）。Russell 派试图形式化特称描述语，因此会对偏离语言逻辑和规则的语言现象进行强制性规定。Russell 派诉诸 Grice 的所言和所含来解释这类现象，"在这种情况下，说话人说的可能是假的，但是他的意图可能是真的" （What，in such a case，a speaker has said may be false，what he meant may be true） （Grice，1969）。但是在真实交际中，人们凭借这样一个错误类特称描述语，也能顺利实现交际。这种错误描述的现象在现实生活中比比皆是，并不影响人们准确指称出意图中的对象。Penco （2017）甚至指出 "为了便于交际，日常话语交谈习惯于接受不准确的描述，错误类特称描述语只是不准确描述语中的极端案例而已"（Everyday linguistic exchange is grounded on the basic habit of accepting inaccurate descriptions for simplicity of communication, and misdescriptions are just an extreme case of inaccurate descriptions）。可见，语言学家的任务只能是描述并提供合理解释而非规定其有缺陷。对此，支持在语境中解决特称描述语的意义和指称问题的 Strawson（1950）甚至指出 "Aristotle 和 Russell 的规则并不能展示日常语言表达的真正逻辑，因为日常语言本身没有逻辑可言"（Neither Aristotelian nor Russellian rules give the exact logic of any expression of ordinary language; for ordinary language has no exact logic）。

除了以上例子，Donnellan 还举了一个宴会中指称的例子：

⑮ The man over there drinking martini is enjoying himself. （Donnellan, 1966）（宴会上的人喝的其实是水。）

句⑮中的这个人喝的其实是水而非马蒂尼酒。那么按照 Russell 派的分析，这一特称描述语找不到一个实体来满足这一描述内容，即 "那边有且仅有一个喝马蒂尼酒的人"，因此该相关命题为假。但是现实生活中，凭借 MAN OVER THERE DRINKING MARTINI 的编码的概念内容，人们可以很容易就找到指称对象，就是 "那边那个端着酒杯的人"，无论他喝的是什么，在现实场景中都不影响听话人迅速锁定指称对象。可见，概念编码的描述内容即便与现实情况不符，在具体情景中也可能不妨碍交际的顺利进行。

错误类特称描述语还包括交际双方意图中的指称对象不一致的情况。以《生活大爆炸》中的剧情为例，在这个场景中 Leonard 逼问 Sheldon 隐瞒的关于 Penny 的秘密：

⑯ Leonard：I still don't know why you left.

Sheldon：I can't tell you.

Leonard：Why not?

Sheldon：I promised Penny.

Leonard：You promised Penny what?

Sheldon：I wouldn't tell you the secret₁. Shhhhh!

Leonard：What secret? Tell me the secret₂.

Sheldon：Mom smokes in the car. Jesus is okay with it but we can't tell Dad.

Leonard：Not that secret. The other secret.

Sheldon：I'm Batman—Shh!

Leonard：Damn it! Sheldon! You said Penny told you a secret. What's the secret₃?

Sheldon：Okay, I'll tell you, but you can't tell Leonard.

Leonard：I promise.

Sheldon：Penny lied about graduating from community college 'cause she's afraid she's not smart enough for Leonard.

（《生活大爆炸》第 3 季第 2 集）

对话中反复提到 the secret，正常成年人都清楚 SECRET 的编码的概念内容。如果解读为属性语义，那么这个特称描述语指的是"有且仅有一个秘密"，那么 the other secret 指的是"有且仅有的另外一个秘密"。这样的解读并不能让我们获取该话语的完整命题。事实上，根据语篇语境，我们发现 Leonard 所提的 the secret 和 the other secret 一直是指"Penny 告诉 Sheldon 的那个秘密，即 Penny 撒谎自己从社区大学毕业，因为她担心自己不够聪明配不上 Leonard"。但是从交际者 Sheldon 视角出发，特称描述语 the secret 的所指却一再发生变化，the secret₁ 和 the secret₃ 指的是"Penny 要求 Sheldon 保守的那个秘密"，而 the secret₂ 变成了"妈妈在车里抽烟"的秘密，the other secret 则指的是"Sheldon 是蝙蝠侠"这个秘密。完全依靠概念编码无法很好解释这种交际双方意图中指称对象不一致的情况，特别是概念编码误导交际者的情况。

综上所述，在理解错误类特称描述语时，尽管概念编码是话语处理的起点，但是概念编码的作用比较有限，甚至会对理解产生误导作用。人们使用错误类特称描述语时，该特称描述语往往不能在交际场景中找到满足其描述内容的实体。如果将该特称描述语做严格的字面意义解读，那么相关的命题均为假。而实际上，人们可以在交际中找到相关的指称对象，顺利完成交际。因此，对于理解错误类特称描述语，我们不能仅依靠其概念编码，还要进一步挖掘其他影响因素。

4.6　本章小结

本章首先回顾界定了概念编码、编码的概念内容等术语，然后分别从完整性特称描述语、不完整特称描述语、松散性特称描述语和错误类特称描述语这四个方面探讨概念编码在话语理解中的作用及参与方式，如表4-1所示：

表4-1　概念编码在理解特称描述语中的作用

特称描述语类型	属性用法	指称用法	类指用法
完整性特称描述语	必要不充分条件	非充要条件	一般无类指用法
不完整特称描述语	必要不充分条件	非充要条件	必要不充分条件
松散性特称描述语	非充要条件	非充要条件	非充要条件
错误类特称描述语	非充要条件	非充要条件	非充要条件

具体来说，首先，基于对完整性特称描述语的总结分类，发现概念编码通常可以帮助解读完整性特称描述语。相应的编码的概念内容均参与到属性和指称解读过程中。特别是完整性特称描述语用作属性用法时，概念编码是组成相应语义的必要不充分条件。完整性特称描述语用作指称一个具体指称物时，该概念编码对于解读的作用有限，编码的概念内容不是该特称描述语指称语义的必要组成部分，从这个角度说，概念编码不是其获取指称语义的充要条件。概念编码同样也不能激活相应的类指解读，因为本族语者通常用特称描述语指称一些规约化的固定类别范畴。

其次，在对不完整特称描述语进行定义后，本节探讨了概念编码在解读不完整特称描述语属性用法、指称用法、类指用法上的作用。当不完整特称描述语用作这三种用法时，孤立依靠概念编码都不太可能恰当地解读出描述语的语义，相应的命题也无法判断其真假。具体来说，当不完整特称描述语用作指称用法时，编码的概念内容不是该特称描述语指称语义的必要组成部分，从这个角度说，概念编码不是获取其指称语义的充要条件。当不完整特称描述语用作属性用法和类指用法时，概念编码是获取其相关语义的必要不充分条件。

再次，在理解松散性特称描述语时，无论特称描述语作哪种用法，单凭其相应的概念编码都不能成功理解含隐喻的特称描述语和含转喻的特称描述语，编码的概念内容不是该特称描述语指称语义的必要组成部分，从这个角度说，概念编码不是解读成功的充要条件。此外，在理解习语中的特称描述语，特别当该描述语是双关语或多义词时，更需要挑选编码概念对话语进行解歧，其对应的特称描述语更是无法在孤立语境中解读成功。

最后，在理解错误类特称描述语时，概念编码的作用也比较有限，甚至会对理解产生误导作用。

综上所述，对于不同类型的特称描述语，其概念编码不同，相应的编码的概念内容就不同，所提供的描述信息具有不同质量，会导致听话人付出不同的加工努力去解读。当这些特称描述语作不同用法时，其概念编码对于确定语义和命题内容的贡献也是不一样的。不可否认的是，概念编码对理解特称描述语发挥了作用，是话语解码的起点和推理说话人意图的证据，但我们还需进一步探讨语境对理解特称描述语所起的作用及相关参与方式。

第 5 章

语境与特称描述语理解

第4章探讨了概念编码对理解特称描述语的作用及参与方式。研究发现，概念编码虽是特称描述语理解的起点，但是其作用还有一定的局限性，特别是在理解不完整特称描述语、松散性特称描述语和错误类特称描述语时，仅凭概念编码无法帮助听话人顺利解读话语。鉴于概念编码无法完全决定特称描述语的理解，本章将主要讨论语境如何作用于特称描述语的理解。具体内容如下：5.1节为语境的属性、要素及其激活，5.2节为完整性特称描述语理解中的语境，5.3节为不完整特称描述语理解中的语境，5.4节为松散性特称描述语理解中的语境，5.5节为错误类特称描述语理解中的语境，5.6节为本章小结。

5.1　语境的属性、要素及其激活

在语义学与语用学分界新方案（陈新仁，2015）指导下，本书选取了语境论视角，采用了关联论理论框架并涵盖了默认语义论中的默认推理，因此在此讨论的语境是关联论定义中的认知语境。相应地，本书试图为特称描述语理解提供一个语用认知机制解释。不同于传统语境观的分类和定义，关联论认为语境并非给定的，其属性包括主观性、互明性和动态可选性。语境是一个心理建构体，是听话人对世界相关假定（assumptions）的子集，正是这些假定而非世界的实际状态影响到话语理解。从这种意义上说，语境不再局限于直接的物理环境等客观环境，或话语本身及上下文等语言环境，还包括交际者对未来的期望、科学假定或宗教信仰、记忆、对说话人心理状态的看法、文化假定等（Sperber & Wilson，2001）。具体来说，关联论中语境的构成主要来源于语篇上下文信息、情境信息和交际者的百科知识（Sperber & Wilson，2001），其中百科知识涵盖范围比较广，包括常识、社会文化知识、现实世界知识等。

与关联论有所区别，默认语义论将组合表征的信息源头分为世界知识（world knowledge）、词汇意义和句子结构（word meaning and sentence structure）、语篇情境（situation of discourse）、人类推理系统的特性（properties of the human inferential system）以及关于社会文化的固定看法和假定（stereo types and presumptions about society and culture）。不同的信息源头会产生不同的信息处理类型，其中世界知识与关于社会文化的固定看法和假定会产生社会、文化和世界知识默认（SCWD）或（从语篇情境、社会文化假定及世界知识中获取的）有意识的语用推理（CPI）这两个处理类型，词汇意义和句子结构产生词汇意义和句子结构结合（WS）即逻辑形式的处理，语篇情境产生有意识的语用推理（CPI）这一处理类型，人类推理系统的特性产生认知默认（CD）这一处理类型。认知默认是由常规、易识别的意图性驱动的。

　　虽然关联论和默认语义论在对语境来源的分类上有所不同，但是它们语境的来源都涵盖了来自语篇、情境信息和交际者的百科知识。其中语篇指的是上下文的语言环境，从语篇获取的信息构成了短时记忆中的假定集。Saeed（1997）把它称为"语篇作为语境"（discourse as context）。情境指的是交际双方使用语言时的情景，这些直接可以观察到的环境通过感知系统获得。Sperber 和 Wilson（2001）认为情境信息保留在特定的短期感知记忆库里。百科知识则包括其他所有诸如对未来的期望、科学假定或宗教信仰、记忆、文化假定、对说话人心理状态的看法等，构成了储存在长期记忆中的假定集。因此扩展初始语境有三种方式（Sperber & Wilson，2001）：

　　（1）加入前述话语（preceding utterance）的解读，这些解读先前也经历过推理演绎过程，储存在短时记忆中；

　　（2）仅在语境选择确实需要时，加入语境中现有的或正在加工的假定中的概念的百科知识条目；

　　（3）加入直接可以观察到的环境信息，这些信息保留在特定的短期感知记忆库里，在语境选择需要时转移到一般短时记忆存储体和演绎设施体中。

　　可见，各种来源（如长时记忆、短时记忆、感知系统）的假定集都可能被选为语境，那么语境激活和选择由什么决定呢？Sperber 和 Wilson（2001）认为交际中寻求关联性决定了特定语境的选择（The selection of a particular context is determined by the search for relevance）。

也就是说，根据最佳关联原则，关联是常量，而语境是变量。

在关联论的语境观下，话语理解过程是这样的：人们抱有关联期待，希望加工处理的假定是关联的（否则他们不会花心思去处理它）。然后人们选择一个语境来满足这一关联期待，而这一语境具有最大关联性（Sperber & Wilson，2001）。此外，交际者使用的话语刺激本身就是假定的来源之一。一个编码刺激（coded stimulus）会直接获取到一个高度确定的概念子集：编码本身决定哪个概念将被激活，然后将概念组合进逻辑形式中，该逻辑形式直接作为一个假定图式（assumption schema）。语境提供多种方式使这些假定图式发展为完整的假说（full hypotheses）。一旦初始假说集被恢复，听话人会扩展语境，在初始假说集的基础上加入一些推理出来的语境假定，于是更多的假说变得可及。值得注意的是，鉴于认知环境、初始语境和话语刺激，有些假说比另一些更可及，也就是处理它们付出的加工努力更小（Sperber & Wilson，2001）。在关联论视角下，语境是如何促成话语解读的？以句①为例：

① George has a big cat. （Sperber & Wilson，2001）

当听到这句话时，"猫"的概念编码除了能直接激活"家猫"这一概念，也有可能激活"猫科动物""老虎""豹子""狮子"等相关联的概念。听话人的百科知识告诉他，一般情况下，人们家里饲养的宠物都是小型的温和动物，因此"家猫"最可及。当这一语境假定最可及时，解读满足了听话人的关联期待，于是他停止了话语处理，解读完成。但是，如果听话人知道 George 家里没有养猫，而说话人说此话是诚恳真实的陈述语气而非调侃时，这些语境假定也会进入话语处理中，从而否定了"George 有一只大猫"的解读。于是为了满足关联期待，听话人需要去寻找和选择更多的语境假定。"家猫"这一编码概念被放弃，听话人受关联原则的驱使，从"猫"概念的百科条目中提取高可及的一部分构建联想假定，将编码概念与说话人意欲表达的概念联系在一起，通过推理来建构临时性概念 CAT *。在这里听话人放宽了"猫"的概念意义，将其扩展为"猫科动物""老虎""豹子""狮子"等，当听话人将话语解读为"George 有一只老虎或狮子，我不确定"。或者"George 有一只猫科动物"时，该解读满足了听话人的关联期待，于是他停止了话语处理，解读完成。

除了关注话语解读中的概念意义，关联论也关注到了程序意义。如 3.4 节所述，特称描述语的定冠词编码了程序制约，因此相应的特称描述语将被解读为一个个体概念。个体概念被概念的使用者用来表征一个个体或一组个体（Individual concepts are taken by their holders to represent an individual or sets of individuals）。个体概念又可分为描述概念、从物概念和类型概念（Puglisi，2014）。[①] 个体概念总是与使用者相关，也受到编码的概念内容、程序制约和语境的影响。

Puglisi（2014）提到了编码的概念内容、编码的程序内容和不同个体概念之间的关系，但她没有详述语境发挥的作用。她特别提到个体概念必须与语言编码内容兼容，但是不同的个体概念与语言编码内容的兼容方式不同。以下条件中，a 条件主要与编码的概念内容有关，b 条件主要与编码的程序内容有关。

（1）满足以下两个条件时，描述概念与特称描述语的语言编码内容兼容：

a. 编码的概念内容或者临时性建构的概念内容构成该描述概念的描述内容；

b. 描述概念的指称对象，或者存在描述概念的指称对象，那么它唯一满足该描述概念的内容。

（2）满足以下两个条件时，从物概念与特称描述语的语言编码内容兼容：

a. 编码的概念内容或者临时性建构的概念内容专用来识别从物概念的指称对象；

b. 从物概念的指称对象与概念的内容之间存在因果联系。

---

① 为了区分编码的概念与个体概念及其子类，本书主要用编码的概念内容表明编码的概念，例如全部大写的 MURDERER OF SMITH；个体概念中的描述概念用大写字母加连词符号表示，如 MURDERER-OF-SMITH。

（3）满足以下两个条件时，类型概念与特称描述语的语言编码内容兼容：

a. 编码的概念内容或者临时性建构的概念内容的外延包含且只包含该类型概念所指称类型的所有成员；

b. 指称物是类型。

选择描述概念来充实编码的概念内容，就会得到特称描述语的属性解读；选择从物概念来充实编码的概念内容，就会得到特称描述语的指称解读；选择类型概念来充实编码的概念内容，就会得到特称描述语的类指解读。特别指出，编码的概念内容 MURDERER OF SMITH 和描述概念 MURDERER-OF-SMITH 是不同的认知实体，头脑中能表征出前者的人不一定能建构出后者（Puglisi，2014）。

举例来说，the murderer of Smith 的编码的概念内容是 MURDERER OF SMITH，这是通过句法结构组合起来的一串概念。编码的概念内容构成该描述概念的描述内容，于是得到描述概念 MURDERER-OF-SMITH。如果通过语境得知，确实有一个人杀了 Smith，该描述概念的指称对象确实唯一满足该描述概念的描述内容。那么，该描述概念可及，听话人可以得到属性解读。

当特称描述语作指称用法时，假设解读者知道是 Jones 杀了 Smith。那么根据从物概念的指称对象与概念的内容之间存在因果联系，解读者脑海中有从物概念 JONES。编码的概念内容 MURDERER OF SMITH 可以专门识别出从物概念 JONES 的指称对象 Jones，因此解读者会选择从物概念进行语用充实编码的概念内容，从而得到指称解读。

当特称描述语作类指用法时，编码的概念内容或者临时性建构的概念内容的外延包含且只包含该类型概念所指称类型的所有成员，并且指称物是类型。举例来说，编码的概念内容 PANDA[①] 的外延包含且只包含熊猫类的所有成员，当指称物是类型时，获得类型概念 $PANDA^T$，从而得到类指解读。

从以上分析可以发现，很多情况下，单凭编码的概念内容不能确

① 这里用全部大写的单词表明概念内容，用上标 T 表明类型概念。

定其个体概念。有时需要建构临时性概念来促成个体概念的生成。而临时性概念的建构需要语用充实，语用充实必须依赖解读者的语境假设。不同语境会激活不同的个体概念，概念存在可及性差异。此外，从物概念的获得更需要从物概念的指称对象与概念的内容之间产生因果关系，语境决定从物概念是否可获得。

5.2 完整性特称描述语理解中的语境

如 4.2 节所述，所谓完整性特称描述语指的是特称描述语除了定冠词 the 和单数名词短语，通常还附有一些解释性的修饰语。完整性特称描述语由于其描述内容足够充分，符合其描述的个体通常只有一个，一般可凭借描述内容识别出相应个体。根据 2.1 节介绍，完整性特称描述语包括：①带建立指称对象关系从句的特称描述语，如 the woman Bill went out with last night；②带名词短语补足语的特称描述语，如 the fact that there is so much life on Earth；③带关联小句的特称描述语，如 the beginning of the war；④带名词修饰语的特称描述语，如 the color blue；⑤带最高级修饰语和关系小句的特称描述语，如 the best artist in this school，the first person to sail to America 等（Hawkins，1978）。

我们接着探讨语境在理解这些完整性特称描述语中的作用，首先讨论完整性特称描述语用作属性用法的情况。我们考虑以下这个场景，对话中的 Mike 和 Meg 都互明对方是正常的成年人。在这种情况下，Meg 说出句②，并且她的语调是用于陈述断言的典型语调：

② The architect of Suzhou Museum is brilliant. （面对苏州博物馆，在不清楚其建筑师信息的情况下，外国游客 Meg 发出感慨。）

那么根据以上场景，我们可以得出以下的语境假定：

（1）Mike 和 Meg 都是成年人；

（2）Meg 在做一个断言；

（3）苏州博物馆是由一个建筑师设计的；

（4）苏州博物馆很恢宏；

（5）建筑师非常有才华。

以上这些语境假定都是交际双方所互明的。如前所述，定冠词 the 所编码的程序意义制约了后面名词短语的解读，引导其指向一个个体概念（Powell，2001）。Puglisi（2014）进一步指出个体概念包括描述概念、从物概念和类型概念，也就是说定冠词 the 可以制约后面名词短语的解读，引导其指向描述概念、从物概念和类型概念，那么语境是如何促成听话人选择其中某一概念从而得出相应的解读的呢？假如听话人选择从物概念，即"概念的内容与概念的指称物之间是由因果关系相连"（Puglisi，2014），那么这意味着对于双方互明的是通过编码内容或是临时性概念能够唯一识别出的概念指称对象。根据当前情境，不存在临时性概念建构的情况，我们就考虑是否可以通过编码内容来唯一识别出概念的指称对象。为了满足关联期待，听话人努力寻找相关语境，但是以上语境假定中没有一个建筑师的名字对于交际双方是互明的，也就是说从物概念并不对双方互明，ARCHITECT OF SUZHOU MUSEUM 不能唯一识别出该从物概念的指称对象。由于该语境假定不可及，因此听话人不会获取一个从物概念，不会得出指称解读。

再来看类型概念，即"类型的个体概念"（Puglisi，2014），换言之，"概念视其指称对象为个体类型"（Such concepts take as their referents individual kinds）（Puglisi，2014），而与类型概念相对应的特称描述语通常识别出的是规约化固定范畴中的类型，比如 the whale、the monkey 等。这意味着对 Meg 和 Mike 双方互明的是，概念的指称对象是类型，类型中的成员可以映射到编码的概念内容 ARCHITECT OF SUZHOU MUSEUM（苏州博物馆的建筑师）的外延中。但是"苏州博物馆的建筑师"并不像鲸鱼、医生这样，可以成为一个规约化的固定范畴。即便为了满足关联期待，听话人也不大可能通过百科知识建构出"苏州博物馆的建筑师这类人"这样的临时性概念，获取相应的语境假定。因此，听话人没有获取类型概念。

最后来看描述概念，即"唯有一个概念的指称对象满足某个描述内容或是如果有指称对象的话，唯有一个指称对象满足某个描述内容"（Puglisi，2014）。在 Meg 说话之前，双方互明的语境假定是说话双方都是成年人。当然 Meg 在看到苏州博物馆时会有更多的语境假定，比如苏州博物馆充满了江南特色，建筑师是设计并规划建筑的人，博物馆是陈列和展览文物的地方等，而这些语境假定会随着个体百科知识的不同而存在差异。虽然容易获取如下信息，如一个建筑师设计了苏州博物馆，苏州博物馆很恢宏等，但是在 Meg 开口说句②之前，Mike 不大会想到苏州博物馆与其建筑师之间的关系，在他的认知语境中或许考虑的是苏州博物馆陈列的文物、苏州博物馆的设计风格等其他信息。当 Meg 开口说出句②时，在最佳关联原则引导下，很多语境假定进入 Mike 的选择范围。如前所述，苏州博物馆建筑师这一具体指称对象并不在 Mike 的百科知识中，于是这个语境假定并不可及。那么作为成年人，ARCHITECT（建筑师）、MUSEUM（博物馆）这些概念对于 Meg 和 Mike 而言是可及的。对于成年人 Meg 和 Mike 互明的是，Mike 能够基于编码的概念内容 ARCHITECT OF SUZHOU MUSEUM 得到描述概念 ARCHITECT-OF-SUZHOU-MUSEUM，同时双方还互明的是能有唯一一个个体会满足这个描述概念的描述内容，因此该描述概念可及。如理论框架所述，这个描述概念充实编码的概念内容后，得到该特称描述语的属性解读，即"有且仅有一个苏州博物馆的建筑师"。该解读满足关联期待后，听话人停止了解读。那么来源于哪种类型的信息成为语境参与到该理解过程呢？由于游客只说了这一句话，所以我们无法通过更大的语篇去判断命题真值。游客所处的情境，无论他是身处苏州博物馆还是面对苏州博物馆的图片，也无论他是自言自语还是有谈话对象，该情境信息也不影响命题的真值。此外，鉴于设计苏州博物馆的建筑师的身份不在说话人的百科知识里，该特称描述语的编码的概念内容无法激活相应的从物概念。因此，当交际者说出一个完整性特称描述语，听话人主要依靠编码的概念内容和定冠词 the，不太依靠语境，也就是说，不太需要内化更多来自语篇、情境和百科知识的信息，无须提取更多的相关语境假定，就可以满足关联期待，解读出该特称描述语的属性语义，即"有且仅有一个苏州博物馆建筑师"。所以，该命题为"有且仅有一个苏州博物馆建筑师，无论他是谁，他很有才华"。

接着我们再讨论完整性特称描述语作指称用法的情况，同样以句②为例：

② The architect of Suzhou Museum is brilliant. （交际双方都知道设计苏州博物馆的是祖籍苏州的美籍华裔建筑师贝聿铭，面对苏州博物馆，外国游客发出感慨。）

场景二的对话中 Mike 和 Meg 这两个成年人所互明的是，他们都熟悉苏州博物馆，目前他们都站在恢宏雄伟的苏州博物馆面前。另外，双方还互明的是，苏州博物馆是由美籍华人贝聿铭所设计的。在这种情况下，Meg 说出句②，并且她的语调是用于陈述断言的典型语调。那么根据以上场景，我们可以得出以下的语境假定：

（1）Mike 和 Meg 都是成年人；

（2）Meg 在做一个断言；

（3）苏州博物馆是由一个建筑师设计的；

（4）贝聿铭设计了苏州博物馆；

（5）苏州博物馆很恢宏；

（6）建筑师非常有才华。

在 Meg 说出话语之前，对于 Meg 和 Mike 互明的是说话双方都是成年人，贝聿铭设计了该博物馆。虽然苏州博物馆这一场景是交际双方互明的语境，但是在 Meg 开口说句②之前，Mike 站在苏州博物馆前会有很多联想，其联想不一定与建筑师以及建筑风格等有直接关系。由于语境假定（4）对双方可及，当 Meg 说出句②时，Mike 可以通过编码的概念内容 ARCHITECT OF SUZHOU MUSEUM（苏州博物馆的建筑师）唯一识别出他头脑中从物概念 BEI YUMING 的指称对象贝聿铭。因此，在最佳关联原则引导下，听话人 Mike 选择最可及的语境假定，也就是选择从物概念充实编码的概念内容，从而获取相应的指称解读"贝聿铭"。句②的完整命题内容就是"贝聿铭很有才华"。可见，在以上解读过程中，语境、编码的程序内容和编码的概念内容共同作用，促成了特称描述语指称语义的获取。

同理，当说话人说出下句时，

③ The woman Bill went out with last night was nasty to him. （对话双方均不清楚 Bill 约会对象的具体身份，基于 Bill 约会回来后的反应，说话人说出此话。）

如果说话人和听话人都不清楚与 Bill 外出的女人的身份，他们的百科知识中没有相关女性的信息。听到句③后，听话人会产生如下语境假定：

（1）说话人在做一个断言；

（2）昨晚有一个女人与 Bill 外出约会；

（3）那个女人对 Bill 很不好。

在无法从百科知识、情境和语篇信息中提取更多语境假定的情况下，与 Bill 约会的女人身份并不在交际者的百科知识中，这个语境假定并不可及，那么相关的从物概念也不可及。作为成年人，WOMAN（女人）、BILL（Bill）等这些概念对于 Meg 和 Mike 而言是可及的。交际双方互明的还有，听话人能够组合出一个整体的编码的概念内容 WOMAN BILL WENT OUT WITH LAST NIGHT（与 Bill 约会的女人），从而获取描述概念，同时双方还互明的是有且仅有一个个体会满足这个概念的描述内容。因此，在最佳关联原则引导下，基于语境假定的可及性，听话人选择描述概念充实编码内容，听话人将该特称描述语作属性解读，其属性语义为"有且仅有一个昨晚和 Bill 外出的女人"，整个句子的意思是，"无论这个女人是谁，这唯一一个与 Bill 外出的女人对他不好"。

当该完整性特称描述语作指称用法时，如下句：

③ The woman Bill went out with last night was nasty to him. （交际双方认识跟 Bill 外出约会的女人 Mary，基于 Bill 约会回来后的反应，说

话人说出此句。）

根据场景，说话人和听话人都知道与 Bill 外出的女人叫 Mary，而且也认识 Mary，那么当他说出 "The woman Bill went out with last night" 时，为了满足关联期待，听话人寻找到的语境假定至少包括：

（1）说话人在做一个断言；

（2）昨晚有一个女人与 Bill 外出约会；

（3）Mary 与 Bill 昨晚外出；

（4）那个女人对 Bill 很不好。

在最佳关联原则引导下，听话人提取最可及的语境假定（3），听话人获得从物概念 MARY。根据情景，编码的概念内容 WOMAN BILL WENT OUT WITH LAST NIGHT（与 Bill 约会的女人）可以唯一识别出从物概念 MARY 的指称对象 Mary，听话人获取了从物概念来充实编码内容。因此，该完整性特称描述语实际是用作指称用法，其指称语义为 Mary。可见，语境对于确定完整性特称描述语的指称解读非常关键，百科知识和情境可以帮助交际者确定指称对象。缺乏相应百科知识和情境构成的语境假定，在最佳关联原则引导下，听话人通常会完全依赖程序制约 the 和概念编码，也就是利用编码的概念内容去建构一个描述概念，该完整性特称描述语一般作属性用法，解读为属性语义。拥有相应百科知识和情境构成的语境假定，听话人获取从物概念，编码的概念内容会帮助识别出交际者脑海中的指称对象，此时该完整性特称描述语通常用作指称用法，解读为指称语义。

同样，对带最高级修饰语的完整性特称描述语，如下句：

④ The best architect in China designed Suzhou Museum.（面对苏州博物馆，在不清楚其建筑师信息的情况下，外国游客发出感慨。）

那么根据以上场景，为了满足关联期待，听话人寻找到如下一些语境假定：

（1）交际双方都是成年人；

（2）说话人在做一个断言；

（3）苏州博物馆是由一个建筑师设计的；

（4）苏州博物馆很恢宏；

（5）这个建筑师是中国最好的建筑师。

当然以上这些语境假定都是交际双方所互明的。如理论框架部分所述，可能有三种个体概念促成该特称描述语的不同解读，即描述概念、从物概念和类型概念。由于该建筑师的具体身份不在交际双方的百科知识里，所以无法成为语境假定，听话人无法获取从物概念，该特称描述语的编码的概念内容也无法识别从物概念的指称对象。如前所述，完整性特称描述语的编码的概念内容一般不会引导听话人去寻找一个类型概念。为了满足最佳关联，以上的语境假定会引导听话人去获取描述概念，从而得出特称描述语的属性语义，即"有且仅有一个中国最好的建筑师"，全句的完整命题为"无论此人是谁，有且仅有一个中国最好的建筑师设计了苏州博物馆"。

该带最高级修饰语的完整性特称描述语也可用作指称语义，如下句：

④ The best architect in China designed Suzhou Museum.（面对苏州博物馆，交际双方都知道设计苏州博物馆的是祖籍苏州的美籍华裔建筑师贝聿铭，外国游客发出感慨。）

根据以上场景，听话人能寻找到以下的语境假定构成其认知语境：

（1）交际双方都是成年人；

（2）说话人在做一个断言；

（3）苏州博物馆是由一个建筑师设计的；

（4）这个建筑师叫贝聿铭；

（5）苏州博物馆很恢宏；

（6）贝聿铭是中国最好的建筑师。

以上这些语境假定都是交际双方所互明的，但是其可及性以及付出的加工努力有程度区别。由于建筑师的具体身份为双方互明，是交际双方的百科知识，也就是语境假定（3）和（4）可及，听话人获取从物概念 BEI YUMING。编码的概念内容 BEST ARCHITECT IN CHINA 可以唯一识别出该从物概念的指称对象贝聿铭，因此，从物概念充实编码内容，该特称描述语作指称解读，相应的完整命题为"贝聿铭设计了苏州博物馆"。鉴于百科知识这一语境信息在确定特称描述语语义上的重要作用，我们不禁要问，听到话语后，听话人建构的语境假定有无层级性，是否有哪些语境假定是更可及的？基于百科知识和情境所构成的语境假定，人们是在检索不出满足描述内容的对象后，再转向描述概念从而获取属性语义解读的吗？属性语义和指称语义这两种语义解读有无优先一说？从分析可以看出，当语境假定（3）和（4）同时可及时，根据"默认从物原则"，编码的概念内容 BEST ARCHITECT IN CHINA 是去识别一个从物概念而非建构一个描述概念，也就是说，听话人优先选择了假定（4）来充实编码内容。因此当两个假定都可及时，听话人有可能会优先选择指向从物概念的假定。相应地，在这种情况下，指称语义是优先于属性语义的。当然这些问题都有待进一步实证探讨。

值得指出的是，如果交际双方互明的语境假定不同，会产生完整性特称描述语的不同解读，从而影响话语的理解。Sperber 和 Wilson（2001）转述了 Clark 和 Marshall 书中的一个例子：

⑤ Ann：Have you ever seen the movie showing at the Roxy tonight? [一个周三早上，Ann 和 Bob 读早报，报上通知电影《赌马风波》（*A Day at the Races*）将在当晚的 Roxy 影院上映。当晚报送来时，Bob 读了影讯栏目，发现上映电影变更为《非法交易》（*Monkey Business*），于是用红笔在电影名字上画了个圈。过了一会儿，Ann 也拿起了晚报，看到 Bob 画的圈，她意识到电影已更改。她也知道 Bob 不清楚她自己看过晚报。那天晚些时候，Ann 碰到 Bob，问了以上这个问题。]

例子中这个特称描述语 the movie showing at the Roxy tonight 作何解读？如果仅凭其编码的概念内容 THE MOVIE SHOWING AT THE ROXY

TONIGHT，认为听话人获取了描述概念 THE-MOVIE-SHOWING-AT-THE-ROXY-TONIGHT，那么该特称描述语的属性语义为"有且仅有一部今晚在 Roxy 影院放映的电影"。但这一解读显然不合适，因为首先 Roxy 影院一个晚上不止放映一部电影，双方互明不止一部电影会满足描述概念的内容。其次交际者双方头脑中都有一些背景知识，清楚今晚要放映的一些电影名字。尽管交际双方事实上都知道那天晚上放映的电影是《赌马风波》，但是对于交际双方而言，提取的语境假设不同，该完整性特称描述语所指称的对象会有所不同。根据以上场景，两位交际者可以产生以下的语境假定：

（1）交际双方都是成年人；

（2）说话人在提问；

（3）Ann 不清楚 Bob 今晚有没有看电影；

（4）Roxy 影院今晚要放映电影；

（5）早报上通知放映的电影叫"赌马风波"；

（6）晚报上通知放映的电影叫"非法交易"；

（7）Bob 看过早报，知道电影名为"赌马风波"；

（8）Bob 看过晚报，知道电影名为"非法交易"；

（9）Ann 看过早报，知道电影名为"赌马风波"；

（10）Ann 看过晚报，知道电影名为"非法交易"；

（11）Bob 知道 Ann 看过晚报；

（12）Bob 不知道 Ann 看过晚报。

如果 Ann 提取出语境假定（1）（2）（3）（4）（5）（6）（7）（8）（9）（10）（11），也就是说 Ann 已经从 Bob 在报上的画圈处得知今晚放映电影的名字，Ann 也知道 Bob 知晓电影更改这件事，而且 Ann 认为 Bob 知道她自己看过晚报，所以对于说话人 Ann 而言，为了满足关联期待，她解读的特称描述语的指称语义为《非法交易》。对于听话人 Bob 而言，他寻找到的语境假定可能是（1）（2）（3）（4）（5）（6）（7）（8）（9）（12），也就是说 Bob 不清楚 Ann 看过晚报，他会以为 Ann 头脑中的今晚电影是《赌马风波》，所以他会认为 Ann 话语中特称描述语的指称对象为《赌马风波》。对于 Ann 而言，为了满足关联期待，她提取的语境假定还可能是（1）（2）（3）（4）（5）（6）（7）（8）（9）（10）（12），也就是说，Ann 虽然已经知道今晚真正放映的电影是哪一部，但是她知道 Bob 不清楚她看过晚报，所以她还会从 Bob 的视角来解读话语，那么这个特称描述语还是用来指称《赌马风波》。对于听话人 Bob 而言，寻找到的语境假定也可能是（1）（2）（3）（4）（5）（6）（7）（8）（9）（10）（11），换言之，Bob 认为 Ann 肯定看过晚报，知道电影更改的情况，所以在 Bob 看来，这个特称描述语还是用来指称电影《非法交易》。可见，在此例中特称描述语的解读涉及情境以及交际者的相关想法、记忆以及对交际对方心理状态的看法。情境包括交际时间、交际双方身份，以及其他直接情景。具体而言，交际时间是周三，所以特称描述语中所描述的今晚电影指的是周三晚上的电影。交际双方是互相认识的朋友 Ann 和 Bob，所以问句中的 you 指称的是 Bob。直接情景包括"双方共同意识到的此前说过的内容，以及一些恒久的信念系统（即与该语篇相关的信念和预设）"（胡壮麟，2002），在此例中就是 Ann 和 Bob 都知道之前他们以为今晚要上映的电影是《赌马风波》，以及他们都在报纸上看过关于放映电影更改的消息。根据关联论对于语境的定义，事实上，交际者会"通过经验或思维把所有语境信息内在化或认知化"（侯国金，2003），具体来说，此例中的这些情景语境以及交际者的相关想法、记忆以及对交际对方心理状态的看法等都会内化为交际者头脑中的一些假定。由于对对方心理状态的看法不同，所以 Ann 可能会认为 Bob 不清楚她知道电影已更改，于是 Ann 用该特称描述语指称更改前的电影《赌马风波》；而 Bob 可能会认为 Ann 已经清楚电影更改的信息了，所以 Bob 会认为该特称描述语指称的是更改后的电影《非法交易》。可见，各种语境信息进入人们的主观世界，形成认知语境，影响了特称描述语的解读。

综上所述，基于对完整性特称描述语的分析，发现认知语境对决定其解读发挥着很关键的作用，该语境是从语篇、情境和百科知识中提取最可及的信息。具体来说，如果交际者头脑中没有相应的具体指称对象，即在相关语境假定不可及的情况下，在最佳关联原则引导下，基于概念编码，听话人选择描述概念充实编码内容，听话人获取相应的属性语义。如果交际者头脑中有相应的具体指称对象，在最佳关联原则引导下，基于语境假定的可及性，听话人选择从物概念充实编码内容，获取相应的指称语义。如前所述，完整性特称描述语很少用于类指用法。

5.3　不完整特称描述语理解中的语境

不完整特称描述语是特称描述语的重要组成部分，强调特称描述语的指称语义的 Wettstein（1983）更是指出，"日常生活中说话人使用的绝大多数特称描述语，如果不是全部的话，都是不完整的或不特指的特称描述语，他们不能指谓唯一的个体，而是可应用在很多个体上"（The great majority, if not virtually all, of the definite descriptions utilized by ordinary speakers are "incomplete" or "indefinite" definite descriptions, they fail to uniquely denote but rather apply to any number of items）。他还指出，Frege 和 Russell 所做的分析似乎与这个现实情况不相容。此外，Jaszczolt（2002）也指出"谈话一个很常见的特征是省去一些字词留给听话人去推理出来"。不完整特称描述语之所以常见，或许是出于省力需要或者社会考虑（谈及敏感人员、禁忌等），所以说话人没有编码完整信息，需要听话人依赖语境推理出说话人表达的显义。

不完整特称描述语由于其描述内容不够充分，导致符合其描述的个体太多，无法单独凭借描述内容识别出相应个体，因此更需要语境信息来参与话语处理以确定语义。事实上，很多不完整特称描述语无法限定唯一性，如 the table、the murderer、the architect 这样的不完整特称描述语本身无法限定一个唯一的对象。在脱离语境的情况下，根据这些不完整特称描述语，我们根本无法找到唯一的一张桌子，唯一的一个凶手，唯一的一个建筑师。鉴于语境对于理解不完整特称描述语非常关键，我们还要继续探讨各种语境信息在特称描述语的不同用法中发挥的相应作用。

首先，以句⑥为例：

⑥ The murderer is insane. （2017 年 6 月下旬在美留学的中国学生章莹颖失踪数日，警方推测该失踪留学生已遇害，但尚不知凶手是谁。看到这则报道的人发出感慨。）

根据以上话语及其发生的场景，交际者可能产生以下的语境假定：
（1）交际双方都是成年人；
（2）说话人在做一个断言；
（3）存在凶手；
（4）凶手只有一个；
（5）中国留学生章莹颖已死；
（6）凶手杀了章莹颖；
（7）这个凶手很疯狂。

由前可知，仅凭特称描述语的编码的概念内容和定冠词 the 是无法获取其属性语义和指称语义的。也就是说，听话人仅凭编码的概念内容和定冠词 the，提取的语境设定（1）（2）（3）（4）（7）一般不能满足听话人的关联期待。将该特称描述语解释为 Russell 派的分析，即"有且仅有一个凶手"，相应的命题为"有且仅有一个凶手，无论他是谁，他是疯子"，这样的命题无法判断其真假。为了满足关联期待，当听话人听到这句话时，他会付出更多的加工努力。在最佳关联原则引导下，听话人从情境信息中提取更多的语境假定如（5）（6）进行语用充实，根据编码的概念内容 MURDERER 建构临时性概念 MURDERER OF ZHANG YINGYING（杀死章莹颖的凶手）。由于凶手的具体身份并不可及，换言之，这一语境假定不可及，听话人无法获取从物概念。根据语境假定以及语言编码，交际者可以用临时性概念建构描述概念 MURDERER-OF-ZHANG-YINGYING，并知道存在唯一一个对象能满足这一概念的内容，于是听话人选择描述概念。而描述概念指的是，"唯有一个概念的指称对象满足某个描述内容或是如果有指称对象的话，唯有一个指称对象满足某个描述内容"（Puglisi，2014）。此时该不完整特称描述语作属性用法，其属性语义为"有且仅有一个谋杀章莹颖的凶手"，该话语的完整命题为"无论此人是谁，有且仅有一个谋杀章莹颖的凶手很疯狂"。

不完整特称描述语还可以用作指称用法，以同一句话为例：

⑥ <u>The murderer</u> is insane. （通过不懈努力，警方终于锁定了犯罪嫌疑人 Brendt Christensen。媒体连篇累牍地报道了犯罪嫌疑人的相关行径，犯罪嫌疑人不仅酷爱虐杀游戏，而且经常访问变态网站，在出席章莹颖的追思会时他还试图物色下一个谋杀目标等，看了这些报道的人说出同样的话。）

根据以上话语及其发生的场景，为了满足关联期待，交际者寻找到以下的语境假定：

（1）交际双方都是成年人；

（2）说话人在做一个断言；

（3）存在凶手；

（4）凶手只有一个；

（5）中国留学生章莹颖已死；

（6）凶手杀了章莹颖；

（7）Brendt Christensen 杀了章莹颖；

（8）这个凶手很疯狂。

同样，仅凭特称描述语的编码的概念内容和定冠词 the 也无法获取其属性语义和指称语义。对于听话人而言，可及的语境假定有（1）（2）（3）（4）（5）（6）（7）（8），尽管语境假定（3）和（4）同样可及，但是当听话人拥有语境假定（7）即凶手的具体身份时，听话人没有将"凶手"建构为临时性概念"杀死章莹颖的凶手"去获取描述概念。而是根据"默认从物原则"，听话人选择了更可及的假定（7），从而用相应的从物概念充实编码内容。也就是说，在最佳关联原则引导下，语境假定（1）（2）（5）（6）（7）（8）参与到话语理解中，也就是说听话人会根据编码的概念内容 MURDERER 识别到脑海中最可及的从物概念 BRENDT CHRISTENSEN，从而用相应的从物概念充实编码内容，获取该不完整特称描述语的指称语义，该话语表达的完整命题是"Brendt Christensen 是疯子"。根据现实情况，我们可以判断该命题为真。

接下来用 Ludlow 和 Neale（2006）提到的例子来看语境信息在不完整特称描述语理解中的作用：

⑦ The Russian₁ has voted for the Russian₂.（两个朋友在看一场拳击比赛，比赛中一个俄罗斯人对战一个瑞典人。两人都知道这场比赛的 11 个裁判中有一个是俄罗斯裁判，裁判组成员中没有一个是参加比赛的拳击手。最后，裁判组以 10 比 1 的投票判定瑞典人获得比赛胜利。当听到这一比赛结果，其中一个朋友说出这句话。）

根据以上话语及其发生的场景，为了满足关联期待，交际者可以获取以下的语境假定：
（1）交际双方都是成年人；
（2）说话人在做一个断言；
（3）比赛里有且仅有一个俄罗斯拳击手；
（4）俄罗斯拳击手与瑞典拳击手比赛；
（5）比赛里有且仅有一个俄罗斯裁判；
（6）俄罗斯裁判拥有投票权；
（7）俄罗斯裁判通常会支持自己民族的选手；
（8）俄罗斯拳击手没有投票权。

句⑦中，出现两个语言编码相同的特称描述语，它们的语义分别是什么？仅凭定冠词 the 和概念编码，可能会产生这样难以理解的命题，即"有且仅有一个俄罗斯人投票给有且仅有一个俄罗斯人"。事实上，当听话人接收到这个语言刺激后，会提取出至少 8 个以上的语境假定。由于俄罗斯人的具体身份并不可及，所以该语境假定不可及，也就是说相应的从物概念并不可及。基于以上语境假定，"俄罗斯人"这一类型概念也并不可及。情境信息表明，比赛中有一个俄罗斯裁判和一个俄罗斯拳击手。百科知识构成的语境假定告诉听话人，一般来说，人们会支持自己民族的比赛选手，同时裁判有投票决定胜负的权利，所以是裁判员为拳击手投票，而不是反过来。于是基于从语篇语境、情境和百科知识获取的语境假定，听话人将编码的概念内容 RUSSIAN₁建构为临时性概念 RUSSIAN JUDGE IN THIS MATCH，该临时性概念可建构出描述概念 RUSSIAN-JUDGE-IN-THIS-MATCH，情景中确实有一个唯一的对象能满足该概念的内容。因此，听话人选择此描述概念充实编码的概念内容，The Russian₁作属性解读，指"有且仅有一名比赛中的俄罗斯裁判"。同理，编码的概念内容 RUSSIAN₂建构为临时性概念 RUSSIAN BOXER IN THIS MATCH，该临时性概念可建构出描述概念 RUSSIAN-BOXER-IN-THIS-MATCH，情景中确实也有一个唯一的对象能满足该概念的内容。因此，听话人选择此描述概念充实编码的概念内容，the Russian₂也作属性解读，指"有且仅有一名比赛中的俄罗斯拳击手"。全句的命题为"有且仅有一名比赛中的俄罗斯裁判投票给了有且仅有一名比赛中的俄罗斯拳击手"。

出现在语篇中的不完整特称描述语通常有照应用法（anaphoricuse），但是其照应情况又有所不同，比如以下句子：

⑧ Professor Chen flew to Berlin.　The flight lasted 12 hours.

⑨ Professor Chen introduced an interesting book in his class.　He knows the author.

在理解句⑧中的特称描述语 the flight 时，根据前述话语（preceding discourse），听话人知道陈教授坐飞机去柏林这一事实。这一信息成为听话人的语境假定，所以当听到 the flight 时，在最佳关联原则引导下，经过语用充实，听话人用描述概念充实了 the flight 的编码的概念内容，获取了其属性语义，即"有且仅有一趟陈教授从出发地到柏林的飞行"[1]。句⑧中，描述语回指语篇中的先行词，并且先行词和描述语都

---

① 陈平（2015）特别区分了语言哲学家和语言学家所谈的指称对象。前者所说的有指成分，必须指现实世界中存在的某个事物。语言学家则没有这样严格的要求，涉及的事物无论是存在于外部客观世界，还是语言构建的篇章话语或是发话人自己的思维空间，只要符合一定的条件，都可以看成是有指成分。但本书由于涉及属性和指称两种不同的解读以及命题的真假，因此要求指称对象也要与外部客观世界有一定联系。句⑧中的指称对象应该是"陈教授在某时某地坐的特定的那一趟航班"，有时间、地点和航班号。

指向同一个实体。

在句⑨中，想要理解 the author，仍然要依赖语篇信息。但是仅凭语篇信息仍不能顺利解读这个不完整特称描述语，因为前述话语中没有出现指向同一个实体的先行词。话语中的表达与话语出现的语境中没有明确表述的指称对象之间的这种关系，称为"搭桥推理"或者"推理照应"（bridging reference）（莫爱屏，2004）。显而易见，由于情境中没有明确表述指称对象，听话人必须调用更多的百科知识来参与推理。

具体而言，在句⑨提到 the book 时，为了满足关联期待，听话人寻找到的语境假定包括：

（1）交际双方都是成年人；

（2）说话人在做一个断言；

（3）陈教授在课堂上介绍了一本有趣的书；

（4）书是由书的作者所写；

（5）陈教授认识作者。

前述话语中我们知道陈教授在课堂上介绍了一本有趣的书。百科知识告诉我们书都是有作者的。所以当不完整特称描述语 the author 出现在后述话语（subsequent discourse）中时，在最佳关联原则引导下，听话人根据从语篇信息和百科知识获取的语境假定（1）（2）（3）（4）（5），将描述语的编码的概念内容 AUTHOR 建构为临时性概念 AU-THOR OF AN INTERESTING BOOK INTRODUCED BY PROFESSOR CHEN，该临时性概念构成描述概念 AUTHOR-OF-AN-INTERESTING-BOOK-INTRODUCED-BY-PROFESSOR-CHEN，存在唯一一个个体满足该描述。因此，经过语用充实，the author 解读为"有且仅有一个陈教授课上介绍的那本有趣的书的作者"，该特称描述语是属性用法。

有的时候还会出现不止一次的搭桥推理情况，如下句所示：

⑩ I switched from linguistics to geography. The lecture was less boring.

理解句⑩中的不完整特称描述语，对听话人可及的语境假定可能包括：

（1）交际双方都是成年人；

（2）说话人在做一个断言；

（3）说话人把语言学课换成了地理课；

（4）上课需要听课程系列讲座；

（5）语言学课上有课程系列讲座；

（6）地理课上有课程系列讲座；

（7）学生更换课程，通常是将自己不感兴趣的课程换成自己感兴趣的课程；

（8）讲座不太无聊。

这个 the lecture 作何解读呢？单凭特称描述语的概念编码和定冠词 the 是无法顺利解读的。根据语境假定（1）（2）（3）（4），听话人知道说话人把语言学课调成了地理课，并且课程会涉及课程讲座。但是这些假定并不能满足他的关联期待。于是听话人诉诸百科知识，努力加工出更多的语境假定，如假定（7），学生更换课程，通常是将自己不感兴趣的课程换成自己感兴趣的课程，听话人可以推理出这个不太无聊的讲座应该是调换后的地理讲座，即 the lecture of geography。根据更多百科知识，听话人得出语境假定（5）和（6），听话人知道课程讲座不会只有一次。所以为了满足关联期待，听话人获取了类型概念，结合语境假定解读出 the lecture 用作指称类别，即"地理课这类讲座"。

再举一例：

⑪ The whale is a mammal.（Strawson，1950；Jaszczolt，2005）（课堂上，教师正在解释海洋生物的一些特性。）

在句⑪中有 the whale 这个不完整特称描述语，没有情境表明说话人是站在海边面对一条鲸鱼，因此相应的语境假定不可及，听话人不会获取从物概念，也不会解读出相应的指称语义。听话人的百科知识告诉他，世界上有众多鲸鱼，不会只有一条，因此该语境假定不会使听话人获取一个描述概念，即听话人不会解读出"有且仅有一只鲸鱼"这样的属性语义。既然属性语义和指称语义都不可及，百科知识告诉听话人存在鲸鱼这一自然类别，语篇中的系动词 is 与名词 a mammal 组成一个表语，说明 the whale 的总体特征。在最佳关联原则引导下，基于从语篇信息和百科知识中获取的语境假定，听话人选择类型概念充实该不完整特称描述语的编码的概念内容，解读出 the whale 的类指语义，即"鲸鱼这类动物"。该句的完整命题为"鲸鱼类动物是一种哺乳动物"，根据现实情况，此命题可以判断为真。

综上所述，在介绍了不完整特称描述语普遍存在的现象后，本节发现语境极大地影响了不完整特称描述语作属性用法、指称用法和类指用法时的解读。具体来说，仅凭特称描述语的概念编码和定冠词 the 是无法获取其属性语义和指称语义的。当具体指称对象在交际者百科知识中不可及时，在最佳关联原则引导下，基于交际者从语篇、情境和百科知识提取的语境假定，听话人建构临时性概念，并选择相应的描述概念充实编码内容，该不完整特称描述语通常用作属性用法；当交际者头脑中有相关具体指称对象时，在最佳关联原则引导下，基于交际者从语篇、情境和百科知识提取的语境假定，听话人优先选择从物概念充实编码内容，该不完整特称描述语通常用作指称用法；当交际者百科知识中没有相关具体指称对象但是有相应规约化的类别时，在最佳关联原则引导下，基于交际者从语篇、情境和百科知识提取的语境假定，听话人选择类型概念充实编码内容，该不完整特称描述语通常用作类指用法。

5.4　松散性特称描述语理解中的语境

在探讨了语境在理解一般性特称描述语和不完整特称描述语中的作用后，本节将继续讨论语境在理解松散性特称描述语中的作用。如前所述，所谓松散性特称描述语，特指含隐喻的特称描述语和含转喻的特称描述语，以及习语中出现的特称描述语。尽管 Russell 没有提及含隐喻和转喻的特称描述语，但是这些均符合特称描述语 the F 的定义，并在一些语言学家的研究中被零星提及（Powell，2010；Rebollar，2015）。

当含隐喻的特称描述语用于属性和指称用法时，以第 4 章中提到的场景为例：

⑫ The devil deserves punishment.（2017 年 6 月下旬在美留学的中国学生章莹颖失踪数日，警方推测该失踪留学生已遇害，但尚不知凶手是谁。看到这则报道的人发出感慨。）

在这个场景下，交际者可能有如下语境假定：

（1）交际双方都是成年人；

（2）说话人在做一个断言；

（3）存在凶手；

（4）凶手只有一个；

（5）中国留学生章莹颖已死；

（6）凶手杀了章莹颖；

（7）凶手很邪恶；

（8）魔鬼也很邪恶；

（9）魔鬼应该受到惩罚。

如果孤立依靠特称描述语的概念编码和定冠词 the，听话人找到语境假定（1）（2）（8）（9），可能的解读是"有且仅有一个魔鬼"这样的属性语义，但相应的命题"有且仅有一个魔鬼应该受到惩罚"无法判断其真假，无法满足听话人的关联期待。于是，在最佳关联原则引导下，将来自语篇、情境和百科知识的更多信息内化后，听话人付出努力又寻找到语境假定（3）（4）（5）（6）（7）。词汇语用学认为，解读隐喻类话语时，听话人根据编码概念建构临时性概念进行语用推理，临时性概念与编码概念在逻辑和百科知识方面构成一种相似的关系（resemblance）（Wilson & Carston，2007；曹燕黎，2015a）。那么听话人会根据百科信息，对 the devil 的编码概念做放宽处理，the devil 并不是指宗教书籍中的"魔鬼",而是指与魔鬼相似或具有魔鬼特性的邪恶之人。情景中"魔鬼一般邪恶的人"和"杀害章莹颖的邪恶凶手"有相似性,所以基于编码的概念内容 DEVIL(魔鬼),听话人建构了调整过的临时性概念 DEVIL ＊(魔鬼＊),也就是 DEVIL-LIKE MURDER-ER WHO KILLED ZHANG YINGYING,该临时性概念构成相关描述概念。这时,存在一个对象唯一满足该概念的内容,所以听话人选择该描述概念充实编码的概念内容,得出属性解读"有且仅有一个杀害章莹颖的魔鬼一般的人"。

⑫ The devil deserves punishment. (通过不懈努力,警方终于锁定了犯罪嫌疑人 Brendt Christensen。媒体连篇累牍地报道了犯罪嫌疑人的相关行径,犯罪嫌疑人不仅酷爱虐杀游戏,而且经常访问变态网站,在出席章莹颖的追思会时他还试图物色下一个谋杀目标等,看了这些报道的人说出同样的话。)

在这个场景下,交际者可能有如下语境假定:
(1)交际双方都是成年人;
(2)说话人在做一个断言;
(3)存在凶手;
(4)凶手只有一个;
(5)中国留学生章莹颖已死;
(6)凶手杀了章莹颖;
(7)凶手很邪恶;
(8)Brendt Christensen 杀了章莹颖;
(9)魔鬼也很邪恶;
(10)魔鬼应该受到惩罚。

在这个场景下,(1)~(10)这 10 个语境假定可能对听话人可及。当说话人提到 The devil 时,为满足关联期待,听话人会选取更可及的假定(7)和(9),找到两者之间的相似性关系,即他们都很邪恶,有杀戮本性。基于编码概念 DEVIL(魔鬼),听话人建构了调整过的临时性概念 DEVIL＊（魔鬼＊），也就是 DEVIL-LIKE MURDERER WHO KILLED ZHANG YINGYING（杀害章莹颖的魔鬼一般的人）。由于交际者大脑里已经有了假定（8），即一个嫌疑人 Brendt Christensen，也就是说从物概念可及。在最佳关联原则引导下，听话人基于最可及的语境假定，建构的临时性概念"魔鬼＊"唯一识别出从物概念，从而获取该不完整特称描述语 the devil 的指称语义"Brendt Christensen"。值得指出的是，如果说话人将特称描述语改为 the psycho、the pervert、the twisted mind、the monster 等，同一语境条件下，这些不同的概念编码都可以帮助听话人检索到同一个指称对象。可见，语境对理解松散性特称描述语具有重要作用。在最佳关联原则引导下，听话人从来自语篇、情境和百科知识的信息中提取最可及的语境假定，促使交际者放宽或收缩编码的概念内容。当交际者头脑中有相关具体指称对象时，临时性建构的概念内容能唯一识别该指称对象，听话人用从物概念来充实编码的概念内容，从而获取指称语义。

因此，在含隐喻的特称描述语的理解中，从来自语篇、情境和百科知识的信息中提取的语境假定扮演很重要的角色，没有对编码概念进行放宽或收缩处理，不能建构临时性概念，就无法顺利解读话语。此外，如果想判断该特称描述语是属性用法还是指称用法，主要看相关的情境是否提供交际者互明的指称对象，也就是从物概念是否可及。在不清楚具体对象的情况下，交际者一般用描述概念充实编码的概念内容，获取该特称描述语的属性语义。如果交际者清楚场景中的相关特定实体，就会用从物概念充实编码的概念内容，那么该特称描述语用作指称用法。

含隐喻的特称描述语同样可以指称类别，比如下句：

⑬ The cunning fox is up to his familiar tricks.（为了教导刚刚踏入职场的孩子，提醒他注意职场中一些尔虞我诈的行为，提防一些口是心非的职场小人，父亲说出这句话。）

在这个场景下，交际者可能有如下语境假定：

（1）交际双方都是成年人；

（2）说话人在做一个断言；

（3）狐狸很狡猾；

（4）狐狸擅长耍一些它们熟悉的花招；

（5）职场里有一些人很狡猾；

（6）他们擅长耍一些他们熟悉的花招。

基于从情境、百科、语篇知识获取的语境假定，我们知道交际者不是在谈动物界的狐狸，那么这个特称描述语所编码的概念内容 CUN-NING FOX（狡猾的狐狸）就需要做概念的放宽。听话人通过努力，还找到了语境假定（3）和（5），知道狐狸的特性是诡计多端，这与一些心怀鬼胎的人有相似性。如果交际者有双方互明的具体对象，那么这个含隐喻的特称描述语用作指称用法，指称那个双方互明的像狐狸一样狡猾的人。但是，在这里双方互明的具体对象身份不可及，因此听话人不会获取从物概念。语境假定中狐狸和职场人员也不止一个，所以听话人不会获取描述概念，the cunning fox 既不能解读为"有且仅有一只狡猾狐狸"这样的 Russell 式属性语义，也不能解读为"有且仅有一个像狡猾狐狸的职场人员"。在最佳关联原则引导下，基于以上语境假定，听话人建构了临时性概念 CUNNING FOX＊（像狐狸一般狡猾的一类职场人员），并获取了类型概念 CUNNING FOX^{T}，最后得出"像狐狸一般狡猾的一类职场人员"这样的类指解读。在理解这种特称描述语时，在最佳关联原则引导下，从来自语篇、情境和百科知识的信息中提取可及的语境假定非常重要。此外，情境中，交际双方由于没有双方互明的具体对象，因此，交际者需要进一步做语用推理，直至推理出类指用法这一解读。

根据以上对含隐喻的特称描述语的分析，我们发现寻找或建构语境对于理解特称描述语在属性用法、指称用法和类指用法上的意义有重要作用，没有语境支持，含隐喻的特称描述语将变得较为晦涩难懂。

接下来，我们要探讨语境如何影响含转喻的特称描述语的解读，转喻同样可以用作属性用法、指称用法和类指用法。在理解含隐喻的特称描述语时，编码概念与临时性概念在逻辑和百科信息方面构成一种相似的关系。而在理解含转喻的特称描述语时，正如认知语言学所认为的，转喻中话语的命题形式与说话人意义构成一种邻近性的关系，编码概念与临时性概念在逻辑和百科信息方面构成一种邻近性的关系（江晓红，2009；曹燕黎，2015a）。

转喻可用作限定属性，比如下句：

⑭ Where is the brain that we need?（Rebollar，2015）（一家公司急招一名精通 IT 业务的工作人员，公司负责招聘的人力资源经理说了这句话。）

在这个场景下，交际者可能产生如下语境假定：

(1) 交际双方都是成年人；

(2) 说话人在做一个提问；

(3) 公司急需一名 IT 工程师；

(4) 工程师有聪明的大脑；

(5) 招聘人员期间，公司意向中要录取的人员身份一般未知；

(6) 公司需要的工程师不超过一名；

(7) 我们需要一个大脑；

(8) 大脑用来思考解读问题。

如前所述，单凭其编码的概念内容 BRAIN THAT WE NEED（我们需要的大脑），听话人得出语境假定（1）（2）（7），将特称描述语解释为 Russell 式的分析，得出的属性语义"有且仅有一个我们需要的大脑"并不能满足听话人的关联期待。该语义不能决定相应命题的真假，无法帮助听话人完成话语的顺利解读。根据从百科知识和情境获取的语境假定如（4）和（8），听话人知道大脑与聪明有智慧的人之间有邻近性联系。从情境中提取的语境假定（5）告诉听话人，不等招聘结束，此人的具体身份特征不得而知，所以听话人无法获取从物概念。在最佳关联原则引导下，听话人从语篇、情境和百科知识的信息提取语境假定来放宽处理编码概念，对编码的概念内容 BRAIN THAT WE NEED 做临时性概念建构，建构出 BRAIN THAT WE NEED ∗，也就是

INTELLIGENT ENGINEER THAT WE NEED。该临时性概念内容组成描述概念 INTELLIGENT-ENGINEER-THAT-WE-NEED，根据情景，听话人知道有一个个体会唯一满足该描述概念的内容。因此，听话人获取了相应的描述概念来充实编码的概念内容，将 the brain that we need 解读为"有且仅有一个我们需要的聪明工程师"，这个含转喻的特称描述语用作属性用法。

其次，转喻多用作指称用法，用来指代相关事物。再次引用 Nunberg（1978）提到的一个经典转喻例子：

⑮ The ham sandwich is getting restless.（餐馆里，服务员提醒赶紧做菜。）

在这个场景下，交际者可能有如下语境假定：

（1）交际双方都是成年人；

（2）说话人在做一个断言；

（3）餐馆里有一个顾客；

（4）顾客点了火腿三明治；

（5）顾客不耐烦了；

（6）餐馆服务员知道这个顾客是谁；

（7）后台工作的厨师不清楚顾客的身份。

同理，这里的特称描述语也不作"有且仅有一个火腿三明治"这样的属性语义理解。根据情境，这是发生在餐馆里服务员提醒厨师赶紧上菜时说的话，交际者会提取出以上的语境假定。为了满足关联期待，基于编码的概念内容 HAM SANDWICH，听话人会找到在餐馆里火腿三明治与点火腿三明治的食客之间的邻近性联系，调整编码的概念内容，建构临时性概念 HAM SANDWICH ∗，也就是 CUSTOMER THAT ORDERED HAM SANDWICH IN THIS RESTAURANT。如果听话人是该餐馆的另一个服务员，那么语境假定（6）可及，也就是说从物概念可及，通过提供服务，该从物概念的指称对象与从物概念建立了因果关系。临时性概念可以唯一识别这个从物概念的指称对象，听话人从物概念充实编码的概念内容，得出指称解读。对于厨师而言，指称对象并不在其脑海中，临时性概念会促进相应描述概念的建构，该描述概念充实了编码的概念内容后，该特称描述语只能解读为"有且仅有一位点了火腿三明治的顾客"。

转喻可用作类指用法，用来指代一类事物。再举美剧《生活大爆炸》中，Leonard 等人拜访 Cooper 夫人时的对话。

⑯ Mrs. Cooper：Hi，boys.

Leonard：Howdy，ma'am.

Mrs. Cooper：Howdy to you，too. You got here quick…

Leonard：We took the red-eye.

Mrs. Cooper：Well，come on in.

Howard：Thank you kindly.

（《生活大爆炸》第 3 季第 1 集）

在这个场景下，交际者会产生如下语境假定：

（1）交际双方都是成年人；

（2）说话人在做一个断言；

（3）Leonard 等人来拜访 Cooper 夫人；

（4）Leonard 等人行程用时很短；

（5）搭夜间航行飞机的乘客下飞机时多红着眼睛，睡眼惺忪；

（6）Leonard 等人搭乘的红眼是一种交通工具；

（7）世界上有很多这种红眼的交通工具。

根据情境，我们知道交际者是在寒暄、谈论前来拜访的交通工具。为满足关联期待，基于编码的概念内容 RED EYE（红眼），从百科知识中提取的语境假定（5）告诉听话人，搭夜间航行飞机的乘客下飞机时多红着眼睛，睡眼惺忪，这与红眼有邻近性的联系，因此用红眼指代夜间飞行航班。听话人继续从情境和百科知识中提取语境假定（7），知道红眼航班这种交通工具是一个固定类型。因此听话人建构了临时性概念 RED EYE＊，并获取了类型概念 RED EYE^T，最后得出"红眼班机这类夜航的飞机"的类指解读。

再举一例用作类指用法的特称描述语：

⑰ The pen is mightier than the sword. （Rebollar，2015）

在这个场景下，交际者会产生如下语境假定：

（1）交际双方都是成年人；

（2）说话人在做一个断言；

（3）笔胜过了剑；

（4）笔可以用来写字、写作；

（5）剑可以用来打仗、斗争；

（6）世界上有很多支笔；

（7）世界上有很多把剑。

在句⑰中，the pen 并不是表达"有且仅有一支笔"，the sword 也不是表达"有且仅有一把剑"。语篇语境中，两个特称描述语处于一个比较的关系，比较哪一个更强大。但这并不是在桌子上摆放一支笔或一把剑，去让交际者识别现实情景中的唯一一支笔或一把剑，所以具体的笔和剑这样的信息并不可及，也就是从物概念不可及。为了满足关联期待，听话人又从百科知识中提取语境假定（6）和（7），知道世界上不止一支笔和一把剑，因此不会获取相应的描述概念。基于编码的概念内容 PEN（笔），根据从百科知识提取的语境假定（4），听话人知道笔与用笔写出的文字有邻近性联系，建构了调整过的临时性概念 PEN＊。基于编码概念 SWORD（剑），根据从百科知识提取的语境假定（5），听话人知道剑与拿剑使用武力有邻近性联系，建构了调整过的临时性概念 SWORD＊。在最佳关联原则引导下，来自语篇、情境和百科知识的信息共同构成其语境假定，促使交际者放宽处理编码概念，听话人获取一个类型概念来充实编码的概念内容，从而获取类指语义，即 the pen 泛指"文字的力量"，the sword 泛指"武力"。该命题是"文字的力量胜过了武力"。

除了以上提到的含转喻和含隐喻的特称描述语，习语中的特称描述语也包括在松散性特称描述语中。再以《生活大爆炸》中的对话为例：

⑱ Sheldon：No，no，wait. Dr. Crawley，are you sure?

Professor Crawley：Young man, I've been studying insects since I was eight years old. You know what they used to call me in school? Creepy Crawley.

Sheldon：Cruel as that may be, that is not in itself a credential.

Professor Crawley：Let me show you something. See that? That's a Crawley's dung beetle. I discovered it after spending six months slogging through a Bornean rain forest, while my wife was back home shacking up with a two-bit ornithologist who lives on a sailboat and likes to wear boot-cut jeans! So, when I tell you that it's a common field cricket, you can take that to the damn bank! 'Cause God knows I can't! That tramp took me for everything!

Sheldon：Well, apparently, I was wrong. Congratulations.

（《生活大爆炸》第 3 季第 2 集）

在这个场景下，为满足关联期待，解读"the damn bank"之时交际者可能寻找并建构出以下很多语境假定：

（1）交际双方都是成年人；

（2）说话人在做断言；

（3）Crawley 是昆虫专家；

（4）Sheldon 向他求证昆虫的类型；

（5）Crawley 曾经在热带雨林里观察寻找昆虫长达六个月；

（6）在此期间，一个鸟类学家与他夫人有染；

（7）这个鸟类学家住在帆船上；

（8）把东西带去银行这个习语表明某事确凿无疑；

（9）世界上有很多家银行；

（10）帆船在水里航行；

（11）有水就会有岸边；

（12）配偶厌恶第三者。

对话⑱中有一个习语"take it to the bank"。根据听话人从百科知识中提取的语境假定（8），得知既然把东西可以带去银行说明东西货真价实，因此这个习语的意思是某事确凿无疑。根据语境假定（9），世界上有很多家银行满足这一描述，因此描述概念不可及，这里的bank不是"有且仅有一家银行"这样的属性语义。同样，具体某个银行的信息同样不可及，不能获取相应的从物概念。

在最佳关联原则引导下，听话人从语篇、情境和百科知识的信息中提取语境假定，编码的概念内容 BANK 与 $BANK_1$（银行）这一固定类型相联系，于是听话人获取一个类型概念 $BANK_1^T$ 来充实编码的概念内容，从而获取类指语义"银行之类的金融机构"。但是根据情境和语篇语境，后述话语提到"'Cause God knows I can't"。听话人得知住在帆船上的一个男人与 Crawley 教授的妻子有染，抢走了他的妻子。这一信息激活了更多的语境假定，如（6）（7）（10）（11）（12）。后述话语"'Cause God knows I can't"经过饱和化的这种语用充实方式，即"由语言形式驱动的""自下而上"的语用加工过程（陈新仁，2015），这个带有空位的表达被补充完整为"'Cause God knows I can't take that to the bank"，根据语境假定（6）（7）（10）（11）（12），听话人会进一步推理出，如果是去银行，Crawley 教授不会伤心。但是如果是去岸边，会看到水中的帆船，而这会勾起 Crawley 教授的伤心回忆。所以，基于以上的语境假定，这里的 bank 是一个双关用法，既有"银行这类金融机构"的意思，又有"河岸"的意思。习语和双关语在实际交际中比较常见，而习语和双关语的解读更需要语境信息的充实，才能做出正确解读。

综上所述，在理解松散性特称描述语时，无论特称描述语用作属性用法、指称用法还是类指用法，寻找或建构的语境对于帮助理解含隐喻的特称描述语和含转喻的特称描述语作用重大。在最佳关联原则引导下，从语篇、情境和百科知识中提取的语境假定共同帮助建构临时性概念，从而获取相应个体概念，促成松散性特称描述语的理解，因此语境这一影响因素不可或缺。此外，在理解习语中的特称描述语，特别是该描述语有双关意义时，更需要在关联假定下寻找合适的语境假定帮助解除歧义，以确定相关语义。

5.5 错误类特称描述语理解中的语境

错误类特称描述语指说话人或者听话人意图中的指称对象不满足其描述内容。而这类特称描述语之所以能判定为错误，主要是因为与话语发生的情境产生联系。听话人提取出相关语境假定，判断出其描述内容与实际情景矛盾，因此错误类特称描述语从根本上说必须与语境息息相关。

接下来继续以前面提到的访美留学生章莹颖失踪案为例，假如某人感叹了一句：

⑲ The murderer of Zhang Yingying is insane. （访美留学生章莹颖失踪，生死未卜。有人在不清楚嫌犯信息的情况下，感叹了这一句。）

根据以上场景，交际者可能会产生以下的语境假定：
（1）交际双方都是成年人；
（2）说话人在做一个断言；
（3）章莹颖失踪，不知生死；
（4）嫌犯身份未知；
（5）有一个人杀害了章莹颖；
（6）凶手只有一个人；
（7）这个凶手很疯狂。

由于嫌犯身份未知，从物概念不可及，因此该特称描述语不具有指称语义。在最佳关联原则引导下，基于以上语境假定，听话人获取描述概念，可以得出该特称描述语的属性语义为"有且仅有一个谋杀章莹颖的凶手"。但是在真实语境中，如果凶手不止一个，该特称描述语就违反了 Russell 规定的"唯一性"原则，那么该命题为假。交际者如得知凶手不止一人，会将此信息加入自己的语境假定，意识到语言表达的不准确，建构出相应的临时性概念；如果章莹颖没有死，或者是自杀或病故的，该特称描述语就违反了 Russell 规定的存在性原则，谋杀章莹颖的凶手不存在，那么该命题仍为假。交际者如得知章莹颖并没有被杀害，也会将此信息加入自己的语境假定，重新修正自己的话语理解。

还有一种情况是，错误类特称描述语作指称用法：

⑲ The murderer of Zhang Yingying is insane. （章莹颖已确定死亡，说话人在得知嫌犯 Brendt Christensen 有诸多变态喜好后，发出感慨。）

根据以上场景，交际者可能会产生以下的语境假定：
（1）交际双方都是成年人；
（2）说话人在做一个断言；
（3）有一个人杀害了章莹颖；
（4）凶手只有一个人；
（5）这个凶手很疯狂；
（6）Brendt Christensen 杀害了章莹颖；
（7）Brendt Christensen 是个疯子。

如前所述，在最佳关联原则引导下，基于以上语境假定，在听话人脑海中有嫌犯 Brendt Christensen 这一具体对象，因此该从物概念 BRENDT CHRISTENSEN 可及。编码的概念内容 MURDERER OF ZHANG YINGYING（章莹颖的凶手）能唯一识别出该从物概念的指称对象，因此解读出该特称描述语的指称语义，即 Brendt Christensen。该句的完整命题应该是"Brendt Christensen 是个疯子"。根据报道中呈现的嫌犯的怪异举动，我们可以判断该命题为真。假如随着案情的深入调查，发现谋杀章莹颖的另有其人，但这个真正的谋杀者并没有很多奇怪疯狂的举动。那么根据 Russell 派的分析，该特称描述语 the murderer of Zhang Yingying 语义应该是"有且仅有一个谋杀了章莹颖的凶手"，但是满足该描述内容的凶手并不疯狂，因此该句的命题"有且仅有一个谋杀了章莹颖的凶手，这个凶手是疯子"为假。但是，即便"Brendt Christensen 没有杀死章莹颖"成为听话人新的语境假定，听话人知道说话人意图的对象还是举止怪异的 Brendt Christensen，也就是说，尽管语境假定（6）被否定了，语境假定（7）仍然可及。此时，为了满足关联期待，听话人会根据提取的语境假设，将编码的概念内容建构为临时性概念。听话人仍然可以判断该命题"Brendt Christensen 是个疯子"为真。可见，在错误类特称描述语中，提取不同语境假定会导致不同的语义解读，相应的命题真值有很大偏差，仅仅依靠概念编码可能会误导我们判断命题的真假。

再举 Donnellan 提到的一个宴会中的指称例子：

⑳ The man over there drinking martini is enjoying himself.（Donnellan，1966）（宴会上，交际者在谈论一个端着酒杯的人。而此人杯里实际上装的是水。）

根据以上场景，我们可以列出以下一些语境假定：
（1）交际双方都是成年人；
（2）说话人在做一个断言；
（3）宴会上有一个人端着 V 形酒杯；
（4）这个人很开心；
（5）V 形酒杯里一般都装着马蒂尼酒；
（6）这个人位于交际者的不远处；
（7）V 形酒杯里实际装的是水。

根据以上情景，对于交际者互明并能提取的语境假定为（1）~（6），语境假定（7）并不可及。如果按照 Russell 派的分析，这一特称描述语找不到一个实体来满足其描述内容，即"那边有且仅有一个喝马蒂尼酒的人"，因此该相关命题为假。但在现实生活中人们可以很容易就找到指称对象，从百科知识中提取的语境假定表明，V 形酒杯里一般都装着马蒂尼酒，于是"那边那个端着 V 形酒杯的人"，无论他喝的是什么，在现实场景中都不影响听话人迅速锁定指称对象。尽管编码的概念内容不能完全帮助我们找到指称对象，但是寻找或建构的语境能够帮助交际者顺利识别指称对象。具体来说，一方面，根据情境，交际双方都清楚现场不远处有个端着 V 形酒杯的人；另一方面，对于编码的概念内容 MAN OVER THERE DRINKING MARTINI（那边喝马蒂尼酒的男人），人们基于百科知识能放宽此概念，建构出临时性概念 MAN OVER THERE DRINKING MARTINI＊，那么端着酒杯的人，喝类似于马蒂尼酒的人就能进入交际者的指称范围。所以，在最佳关联原则引导下，来自语篇、情境和百科知识的信息共同构成其语境假定，促使交际者放宽处理编码概念，当交际者头脑中有相关具体指称对象时，也就是从物概念可及时，临时性建构的概念内容可以唯一识别该从物概念的指称对象，听话人获取一个从物概念来充实编码的概念内容，该特称描述语作指称用法。如果交际者脑海中没有相关具体指称对象，那么从物概念不可及，听话人可以通过临时性概念内容建构描述概念，得出属性解读"有且仅有一个那边端着酒杯喝类似于马蒂尼酒的人"。

错误类特称描述语还包括交际双方意图中的指称对象不一致的情况。再以《生活大爆炸》中逼问秘密的剧情为例：

㉑ Leonard：I still don't know why you left.

Sheldon：I can't tell you.

Leonard：Why not?

Sheldon：I promised Penny.

Leonard：You promised Penny what?

Sheldon：I wouldn't tell you the secret₁. Shhhhh!

Leonard：What secret? Tell me the secret₂.

Sheldon：Mom smokes in the car. Jesus is okay with it but we can't tell Dad.

Leonard：Not that secret. The other secret.

Sheldon：I'm Batman—Shh!

Leonard：Damn it！Sheldon！You said Penny told you a secret. What's the secret$_3$?

Sheldon：Okay，I'll tell you，but you can't tell Leonard.

Leonard：I promise.

Sheldon：Penny lied about graduating from community college 'cause she's afraid she's not smart enough for Leonard.

（《生活大爆炸》第 3 季第 2 集）

根据以上场景，我们可以列出以下一些语境假定：

（1）交际双方都是成年人；

（2）说话人在做断言；

（3）Penny 向 Sheldon 透露了一个秘密；

（4）Penny 撒谎自己从社区大学毕业，因为她担心配不上 Leonard；

（5）Sheldon 的妈妈在车里抽烟，不能将此秘密告诉爸爸；

（6）Sheldon 认为自己是蝙蝠侠；

（7）Sheldon 向 Penny 保证，不把 Penny 的秘密告诉 Leonard；

（8）Leonard 很想知道 Penny 的秘密。

对话中提到 the secret 和 the other secret，如果仅仅依靠编码的概念内容 SECRET 和编码的程序内容 the，"有且仅有一个秘密"和"有且仅有的另外一个秘密"这样的属性语义并不能满足关联期待，也不能帮助理解话语，判断命题的真假。事实上，根据语篇语境，我们发现在不同交际者的视角中 the secret 和 the other secret 存在动态变化。在 Leonard 看来，对话开头，对他可及的语境假定为（1）（2）（3）（7）（8）。在最佳关联原则引导下，听话人从语篇、情境和百科知识的信息中提取语境假定，建构出临时性概念，从而用描述概念充实编码内容，the secret 和 the other secret 都解读为"有且仅有一个 Penny 向 Sheldon 透露的秘密"这样的属性语义。对话结尾，随着 Sheldon 的坦白，语境假定（4）也对 Leonard 互明，这是在最佳关联引导下，Leonard 获取了从物概念，解读出指称语义，即 the secret 指称"Penny 撒谎自己从社区大学毕业，因为她担心自己不够聪明配不上 Leonard"。

从交际者 Sheldon 视角出发，所有语境假定对他可及。但是在对话进行中，这些语境假定的可及性发生了变化，导致特称描述语 the secret 的所指却一再发生变化。在谈到 the secret$_1$ 和 the secret$_3$ 时，由于情境中 Leonard 反复在追问"你承诺了 Penny 啥？"，语境假定（3）和（4）更可及，在最佳关联原则引导下，听话人选择了相应的从物概念，the secret 和 the other secret 都指"Penny 向 Sheldon 透露的那个秘密"，即"Penny 撒谎自己从社区大学毕业，因为她担心自己不够聪明配不上 Leonard"。随着对话进行，Leonard 继续追问"Tell me the secret$_2$"时，由于 Sheldon 的异于常人的性格特点，他提取出了更可及的语境假定（5），在最佳关联原则引导下，Sheldon 选择了相应的从物概念，解读出 the secret$_2$ 指"妈妈在车里抽烟的秘密"。Leonard 继续追问"The other secret"时，对 Sheldon 更可及的语境假定变成了（6），在最佳关联原则引导下，Sheldon 选择相应的从物概念，the other secret 指"Sheldon 是蝙蝠侠的秘密"。这里的特称描述语都作指称用法。可见，在动态语境中会出现交际双方意图中指称对象不一致的情况。在解读这样的特称描述语时，我们还要考虑交际者的视角，这个明示的意义是说话人发出的语义还是听话人理解的语义。交际者，特别是交际者提取或建构的语境这一重要因素对理解错误类特称描述语有重要作用。

综上所述，在理解错误类特称描述语时，交际者提取或建构的语境有重要作用。正是由于与相关语境产生联系，根据语境信息判断出其描述内容与实际情景存在矛盾，所以我们才判断这类特称描述语为错误类。

5.6　本章小结

本章首先回顾了语境的定义，然后分别从完整性特称描述语、不完整特称描述语、松散性特称描述语和错误类特称描述语这四个方面探讨语境在话语理解中的作用及参与方式。如表 5-1 所示：

表 5 - 1　语境在理解特称描述语中的作用

特称描述语类型	属性用法	指称用法	类指用法
完整性特称描述语	无具体指称对象语境确定描述概念	有具体指称对象语境确定从物概念	一般不用于类指用法
不完整特称描述语	无具体指称对象语境确定描述概念	有具体指称对象语境确定从物概念	无具体指称对象语境确定类型概念
松散性特称描述语	无具体指称对象语境确定描述概念	有具体指称对象语境确定从物概念	无具体指称对象语境确定类型概念
错误类特称描述语	无具体指称对象语境确定描述概念	有具体指称对象语境确定从物概念	无具体指称对象语境确定类型概念

　　总体来说，基于对完整性特称描述语的分析，我们发现认知语境对决定其解读起着很关键的作用，该语境是从语篇、情境和百科知识中提取最可及的信息。具体来说，如果交际者头脑中没有相应的具体指称对象，即在相关语境假定不可及的情况下，在最佳关联原则引导下，基于概念编码，听话人选择描述概念充实编码内容，听话人获取相应的属性语义。如果交际者头脑中有相应的具体指称对象，在最佳关联原则引导下，基于语境假定的可及性，听话人选择从物概念充实编码内容，获取相应的指称语义。如前所述，完整性特称描述语一般不用于类指用法。

　　语境极大地影响了不完整特称描述语作属性用法、指称用法和类指用法时的解读。具体来说，仅凭特称描述语的概念编码和定冠词 the 是无法获取其属性语义和指称语义的。当具体指称对象在交际者百科知识中不可及时，在最佳关联原则引导下，基于交际者从语篇、情境和百科知识提取的语境假定，听话人建构临时性概念，并选择相应的描述概念充实编码内容，该不完整特称描述语通常用作属性用法；当交际者头脑中有相关具体指称对象时，在最佳关联原则引导下，基于交际者从语篇、情境和百科知识提取的语境假定，听话人优先选择从物概念充实编码内容，该不完整特称描述语通常用作指称用法；当交际者百科知识中没有相关具体指称对象但是有相应规约化的类别时，在最佳关联原则引导下，基于交际者从语篇、情境和百科知识提取的语境假定，听话人选择类型概念充实编码内容，该不完整特称描述语通常用作类指用法。

同理，语境极大地影响了含隐喻的特称描述语和含转喻的特称描述语的理解。从语篇、情境和百科知识中提取的语境假定共同帮助建构临时性概念，从而获取相应个体概念，促成这类松散性特称描述语的理解，因此语境的作用不可或缺。此外，在理解习语中的特称描述语，特别是该描述语有双关意义时，更需要在关联假定下寻找合适的语境假定进而帮助解除歧义，以确定相关语义。

在理解错误类特称描述语时，交际者提取或建构的语境对理解错误类特称描述语有着重要作用。在探讨了语境在特称描述语理解中的作用和参与方式后，我们还需进一步验证概念编码和语境在解读不同特称描述语中的作用和参与方式。相关理解机制是否如上述分析所示？人们在理解话语中，是否真的如以上分析的一样，存在优先的默认解读？这些都需要我们进一步实证研究。

第 6 章

特称描述语的理解：来自实验的证据

第 3 章在语义学与语用学分界新方案指导下，基于关联论和默认语义论建构了关联统领下涵盖默认语义的话语解读模式，第 4 章探讨了概念编码在特称描述语理解中的作用和参与方式，第 5 章主要分析了语境在特称描述语理解中的作用和参与方式。

本章介绍特称描述语理解的实验研究。鉴于概念编码和语境是特称描述语解读中的影响因素，本章将对特称描述语理解机制的理论分析结果进行检验，特别关注受试是如何利用概念编码和各种语境信息解读特称描述语的，以及理解不同的特称描述语有怎样的认知过程和具体环节。6.1 节为实验背景，6.2 节为研究问题，6.3 节为预备研究，6.4 节为研究方法，6.5 节为结果与讨论，6.6 节为特称描述语：解读机制，6.7 节为本章小结。

6.1 实验背景

在特称描述语的理论分析部分，本书建构了关联统领下涵盖默认语义的话语解读模式，探讨了特称描述语的可能解读机制以及概念编码、语境等因素如何在理解中发挥作用。理论分析发现，概念编码、程序编码和语境基本都参与到话语解读过程中。整个话语处理过程受最佳关联引导，当话语满足关联期待时，解读停止，并强调处理努力和认知效果之间的互动。同时，在处理显义过程中存在不同程度的语用充实，包括比较迅捷自动的默认充实和比较费力的语用推理。具体来说，根据默认语义论提出的"默认从物原则"，指称解读是听话人优先的默认的解读，听话人可能存在优先检索头脑中指称对象的倾向。此外，特称描述语除了指称用法和属性用法，还存在类指用法。除了严谨性特称描述语，还有包含转喻和隐喻的松散性特称描述语，根据前两章的分析，松散性特称描述语的解读过程比较复杂，并不是 Russell 派理论所能涵盖的，仍需实验进一步探讨。

值得注意的是，在研究方法上，过去主要是采取理论思辨的方法进行特称描述语理解的研究。这里我们的实验也是在理论思辨的基础上，进一步验证和修正本书的假定和解释。Grotjahn（1987）对一些主流的实证研究方法做了总结，提出两种研究范式。范式 1 是探索—解释性，包括：①非实验性设计；②定性数据；③解释性分析。范式 2 是分析—推理性，包括：①实验或准实验设计；②定量数据；③数据分析。以不同方式组合以上变量可以得出 6 种混合设计研究，其中一种为"实验—定性—解释性"，本实验研究就属于此类准实验研究。因为本实验研究是对人的思维活动进行探索，所以相比封闭性实验设计而言，本实验研究不能完全控制研究的条件，在某些方面降低了控制水平，而且操纵和测定变量会有精确性上的误差。话语理解的封闭性实验研究，操作上有很大的困难，现实性比较低。本实验研究是在接近现实的条件下，尽可能地运用封闭性实验设计的原则和要求，最大限度地控制因素来获取实验数据，分析和解释数据，回答研究问题。

本实验的目的是验证第 4 章和第 5 章中概念编码和语境对特称描述语理解发挥作用的分析，并验证在不同特称描述语理解中不同因素如何作用生成意义，有无相对优先默认的处理路径。我们期望通过有声思维实验和随后访谈能证实或证伪，不同质量的概念编码会影响到特称描述语的解读，而编码的概念内容不一定是构成显义成分的必要条件，也就是说编码概念不是获取某些特定语义的必要条件。对于语境因素而言，我们希冀能发现受试从不同信息中提取语境假设充实编码的概念内容的证据，证明语境决定了不同个体概念的获取，从而生成不同语义。此外，从受试处理不同特称描述语的过程，找出受试处理话语付出加工努力的差异，以证明特称描述语的理解存在难易之分，也可能存在相对迅捷默认的加工处理。

但是正如 Wilson 和 Sperber（2004）所说，话语理解是一个在线过程（comprehension is an on-line process），听话人不是首先解码话语的逻辑式，再建构显义和选一个恰当的语境，然后推理出一系列暗含结论的。具体到词汇层面，解码和语用推理也是同时平行进行的。Wilson 和 Sperber（2004）认为听话人只不过视编码的概念内容为一个线索（a clue），编码的概念内容中的百科条目使得一些语境假设可及（Contextual assumptions made accessible by the encyclopedia entry of the linguistically encoded concept），从而参与到语用推理中。因此，尽管我们理论上将特称描述语的理解截然分解为解码、提取语境假设充实获取个体概念等步骤，但是实际上，真实的话语理解是一个在线过程，解码和充实几乎是并行发生的，语言和非语言的运算模块在互动中产生话语意义。同时，也存在语境假设压制（coerce）编码的概念内容，直接生成显义的情况。

因此，由于话语的识解过程比较微观，有的解读过程难以捕捉，并且有些证据难以精确衡量比较。本实验只能设计一些差异较大的测试句子，希冀能捕捉到受试话语识解中的显著共性和差异。该实验存在一些不能证明的理论假设。比如，不能验证定冠词程序制约语用推理的具体过程。定冠词 the 能对推理过程进行制约或指引，与语境一起促使听话人获取不同个体概念。但是这个微观充实的过程，受试难以说清楚，只能从话语解读的结果去倒推是某个个体概念充实了编码的概念内容，以及通过访谈去求证受试对定冠词 the 所起作用的看法。

6.2　研究问题

为了验证上述理论假设，本研究采用有声思维和访谈的研究工具对特称描述语理解的影响因素、具体过程等进行探讨。特称描述语的实验研究旨在回答如下四个问题：

（1）概念编码是如何参与特称描述语的理解并发挥作用的？

（2）语境是如何参与特称描述语的理解并发挥作用的？

（3）不同特称描述语的理解过程是如何发生的？是否存在异同？

（4）特称描述语的理解是否存在默认解读？

6.3　预备研究

本研究将利用有声思维和访谈结合的方式来收集数据，考察受试理解特称描述语的具体过程，关于有声思维研究工具的最终成型经历了初步研究的两个准备阶段。

6.3.1　第一阶段：研究问题及问卷的选择问题

在第一阶段，对特称描述语的理解，本实验初步拟定了如下三个研究问题：

（1）除了编码概念意义和语境的作用，特称描述语的理解是否受关联原则制约？

（2）特称描述语的解读过程中是否存在默认语义？

（3）不同特称描述语的语用充实过程是否有所不同？

经过理论分析和思考，本研究发现单独考察关联原则对特称描述语理解的作用并不可行。诚然，关联原则在话语理解中占据重要地位，也是整个关联论的关键。根据这一原则，每个明示的交际行为都应设想它本身具有最佳关联，人们理解话语时所付出的努力与其获得的语境效果成正比。由于对最佳关联原则的存在以及对话语理解所起的引导作用学术界基本已达成共识（Breheny，1999；Powell，2001；Carston，2008），因此，本研究尝试对这一相对笼统概括的原则进行细化，考察该原则在特称描述语解读中如何发挥作用，不同特称描述语的解读有哪些具体路径。此外，本章需继续验证前两章的理论分析，所以原来的三个研究问题修改为以下四个研究问题：

（1）概念编码是如何参与特称描述语的理解并发挥作用的？

（2）语境是如何参与特称描述语的理解并发挥作用的？

（3）不同特称描述语的理解过程是如何发生的？是否存在异同？

（4）特称描述语的理解是否存在默认解读？

在这个阶段，本研究设计了一份问卷，考察受试如何解读具有不同概念编码的特称描述语（回答概念编码在特称描述语理解中的作用），如何解读不同语境中的特称描述语（回答语境在特称描述语理解中的作用），如何解读不同特称描述语（回答不同特称描述语的理解过程是怎样的，以及是否存在默认解读）。

在设计第一份问卷时，本研究从美剧《生活大爆炸》1～5 季的剧本以及其他文本中搜集自然语料，不同的特称描述语被分成了三组：第一组的特称描述语出现在孤立句子中，第二组的特称描述语出现在语篇或对话中，第三组的特称描述语也出现在句子中，句子后面附有括号注明相关语境信息，如下所示：

第一组样句：The second longest river in China is magnificent.

第二组样句：Sheldon：No, no, wait. Dr. Crawley, are you sure?

Professor Crawley：Young man, I've been studying insects since I was eight years old. You know what they used to call me in school? Creepy Crawley.

Sheldon：Cruel as that may be, that is not in itself a credential.

Professor Crawley：Let me show you something. See that? That's a Crawley's dung beetle. I discovered it after spending six months slogging through a Bornean rain forest, while my wife was back home shacking up with a two-bit ornithologist who lives on a sailboat and likes to wear boot-cut jeans! So, when I tell you that it's a common field cricket, you can take that to the damn bank! 'Cause God knows I can't! That tramp took me for everything!

Sheldon：Well, apparently, I was wrong. Congratulations.

第三组样句：The Russian$_1$ has voted for the Russian$_2$. (In a boxing match, a Russian boxer fought against a Sweden boxer. Among 11 judges there was one Russian judge. In the end, the Sweden boxer won with a vote 10 to 1. On seeing the voting results, one spectator uttered this sentence.)

本研究将包含 19 个特称描述语的句子或对话，顺序打乱，请三名受试用有声思维法完成该问卷。根据他们的完成情况发现：①阅读太长的语篇，会干扰受试的理解过程，因此所有测试句子长度应保持相对一致。②特称描述语出现在对话中时，涉及对话双方的不同话语理解，增加了受试作为阐释者的解读难度。③既然要考察默认语义，那么应该设计出两种迥然不同的特称描述语，使其认知投射到目标概念上，联系百科知识的情况要有较大差异。④从解读结果来看，对于相同的特称描述语，受试对关键词的理解不尽相同，说明对不同交际者来说，在生活经历和百科知识等方面存在个体差异，由于拥有不同的语境假定，对其可及的信息也会有所不同。这或许在实验中可以进一步验证。

6.3.2　第二阶段：前期实验（pilot study）

在前期实验阶段，本研究进一步简化了第一份问卷中的例句，修改了一些特称描述语，增加其在背景信息上的可及性差异程度，并强调完整性特称描述语和不完整特称描述语之间的比较，严谨性特称描述语和松散性特称描述语之间的比较，有语境信息和无语境信息的特称描述语之间的比较。

前期实验采取了便利样本的抽样方法，选定了 3 名成人受试，并告知其实验的目的和要求。选择这 3 个受试的原因是他们是作者的同事或朋友，方便进行数据收集。他们具有文科或理工科教育背景，本科或硕士学历，平均年龄在 50 岁左右。

实验开始时分别用例句对他们进行了培训①，并用高质量的录音笔（Sony ICD-PX240）对整个实验过程进行录音。

有声思维的前期实验旨在回答下面四个研究问题：

（1）概念编码是如何参与特称描述语的理解并发挥作用的？

（2）语境是如何参与特称描述语的理解并发挥作用的？

（3）不同特称描述语的理解过程是如何发生的？是否存在异同？

（4）特称描述语的理解是否存在默认解读？

为了更为详细地了解受试如何理解特称描述语的情况，尤其是意义的选择倾向或者让他们澄清其表达不甚清楚的地方，本研究还通过后续访谈获取更详细的信息。访谈的问题以即兴为主，根据研究者在

---

① 培训内容改编自 van Someren、Barnard 和 Sandberg 1994 年出版的 *The Think Aloud Method：A Practical Guide to Modelling Cognitive Processes* 一书中的有声思维实验资料。

实验过程中的观察以及笔记，对受试有声思维过程中具体句子解读的情况提问。如"你觉得这里的意思是……，你为什么这样想？你认为这里的 the 是什么意思？原因是什么？你认为话语中的某人清楚其所指对象吗？"

经过对有声思维汇报和访谈语料的整理，本书发现：

（1）对于语境充分，包含严谨性特称描述语的句子，受试在通读句子时能迅速做出理解，解读出目标语的相关语义。

（2）对于包含松散性特称描述语的句子，受试都是通过观察语言语境、情境，调用百科知识来判断相关语义的。但是，百科知识的可及性因人而异，对松散性特称描述语解读的作用也较大。

（3）对不完整特称描述语，受试解读结果比较不一致，再次证明了听话人具备的百科知识对话语解读的作用，这与第一阶段可及性有个体差异的初步假设基本一致，但还需要在实验中进一步考察。

在整理和考察了前期实验结果后，本书认为以下几点还需进一步改进：

（1）不太适合选取高龄老人作为受试，因为他们可能缺乏答题所需的应变能力和语言能力。

（2）选择英语和汉语水平都较高的英语本族语者也不太合适，他们在有声思维过程中以及访谈中会夹杂汉语，汉语也进入了其思维过程，成为一个干扰变量。

（3）需要进一步简化、调整问卷的例句类型，使特称描述语出现在长度相对统一的例句中。另外，仍需要增加更多类型的特称描述语，以便进一步了解受试究竟如何选择特定的意义。

（4）在问卷的例句设计中，还要充分考虑英语本族语者，主要是英美国家人士所拥有的百科知识和个人经历。既然要考察特称描述语的默认语义和非默认语义，那么相应的特称描述语应反映出受试可能出现的百科知识可及性方面的差异。此外，对于语境中的特称描述语，相关语境应该对本族语者可及，不会造成较大的认知困难。因此，问卷将章莹颖谋杀案中的话语"The murderer is insane"换成了拉斯维加斯音乐会枪击案中的话语"The shooter is insane"。比起章莹颖谋杀案，拉斯维加斯音乐会枪击案这一语境对于英语本族语者更可及，希冀受试会从话语理解的汇报中挖掘出充足的信息。

（5）考察特称描述语的意义解读时，要考虑到目标词所在例句的排序问题。因为要考察概念编码和语境的作用，所以概念编码相对较少以及语境相对匮乏的例句应排在前面，以免作为对比的类似例句成为受试先入为主的背景知识，对其意义选择产生影响。

（6）因为本研究需要讨论正确类和错误类特称描述语、完整性和不完整特称描述语，以及严谨性和松散性特称描述语，并考察它们出现在孤立话语中和充分语境下的不同解读。鉴于研究的种类繁多，情况复杂，因此需要根据研究问题，重点聚焦特称描述语的几种主要使用情况，而非面面俱到，平铺直叙。

6.4　研究方法

本节介绍参加有声思维和访谈的受试情况、研究工具（有声思维和访谈）和数据收集与数据分析的方法。

6.4.1　受试情况

共有 6 名受试参加了有声思维实验和随后的访谈。研究者通过有偿方式招募受试，受试包括南京理工大学和南京工业大学在校外籍教师以及在宁居住外籍人士（受试的具体情况参见表 6 - 1）。在招募受试时，本实验提出受试必须是口头表达能力良好的英语本族语者，不仅需要具备相对外向的性格，而且最好英语水平高。此外，受试乐于配合且时间充裕。对受试有以上要求，主要是考虑到以下原因：具有相当英语水平的英语本族语者可以很好地胜任英语话语的理解任务，其良好的口头表达能力，能确保将自己头脑中的思维过程清晰地描述出来。有声思维中性格外向的人，更乐意与人分享交流，更有可能持续产出话语（郭纯洁，2015）。乐于配合的受试才能积极投入地参加实验，提供可靠的信息和证据，保证研究的信度。此外，受试必须确保有充足时间完成有声思维实验和随后的访谈，以免中途被其他情况打断或终止。

受试具有文科或理工科的教育背景，本科或硕士学历，平均年龄41岁。选择年龄区间在22～60岁的成人进行实验，是因为该年龄段的群体具备较好的语言表达能力和认知理解能力，能更好地胜任实验任务。

表6－1　受试的具体信息

受试情况	性别	年龄	受教育程度	国籍	在中国逗留时间
受试1	女	53	本科	加拿大	10年
受试2	男	56	硕士	美国	2年
受试3	女	55	硕士	美国	1.5年
受试4	男	29	本科	美国	3年
受试5	女	31	本科	美国	2.5年
受试6	女	22	本科	美国	5个月

6.4.2　研究工具

语用学研究的终极目标就是揭示人脑中的语言运行机制（何自然、陈新仁，2004），但是令人遗憾的是，人脑这个"黑匣子"并不能将其理解活动外显。因此，不少研究者（曹燕黎，2015a；季小民，2017）通过有声思维和访谈结合的方法，考察受试理解话语的具体过程，以此揭示话语的实际理解机制，验证自己的理论假设。尽管有的研究人员指出有声思维方法的局限性，如质疑其报告的真实性（Matrat，1992），认为其干涉正常思维（Nunan，1993），但是更多学者指出有声思维是一种值得信赖的数据采集方法（Bowles，2010；郭纯洁，2015）。在语言研究中，各种研究方法都有其长处与不足，依据不同的研究目的可选择不同的研究方法（束定芳，2012）。本研究选取有声思维和访谈作为研究工具，有如下原因：

（1）有声思维所获取的数据为短期记忆，具有较高的确信程度（Ericsson & Simon，1980）。它可以获取受试内隐的思维活动细节，至少可以部分满足研究者的好奇心（Wen，2001）。

（2）有声思维的实验方法与本研究揭示特称描述语理解机制和影响因素的研究目标十分契合。通过有声思维，可以"了解人们在完成特定任务时的认知行为状况或认知操作过程"（郭纯洁，2015）。受试通过解读指定的特称描述语，口头表述出具体的认知操作过程。研究者可以通过"观察"这些特定的语言认知现象，从而检验、修正或重建一些理论假设或模型。相比 ERP、眼动追踪这些结合高科技的研究方法，有声思维有其不可取代的优势。它可以揭示更多的认知细节，且操作相对便捷、花费较小。

（3）van Someren 等学者（1994）进一步指出有声思维结合其他研究方法，如有声思维法结合回溯法（retrospection）等可以获取更有效更完整的数据。Wen（2001）也指出为弥补不足，研究者可以在有声思维结束后，立即进行访谈，以引发出更多信息。访谈中，研究者可以追问观察到的新颖、有价值的汇报内容，也可以让受试更详细地描述或澄清一些细节和内心想法（季小民，2017）。

6.4.2.1 有声思维问卷

经过前两个阶段的准备工作，最终版本的有声思维问卷成型。该有声思维问卷的设计围绕四个研究问题，共分为 22 个句子，包含"the panda"在内的 23 个特称描述语，涵盖完整性特称描述语、不完整特称描述语、含隐喻的特称描述语、含转喻的特称描述语，以及错误类特称描述语，并且包含特称描述语的指称、属性及类指三种用法。以"the panda"为例，它既可以用作指称、属性和类指用法，同时也可以是字面表达、隐喻表达或转喻表达。

为了控制变量（不同概念编码、不同语境、不同用法的特称描述语），实验所用句子都是基于自然语言的生造例子（pseudo-natural example），以便可以了解特称描述语理解各种因素的作用以及不同理解过程，并发现实际过程中交际者如何选择具体的意义以及理解的顺序、难度等问题。

在给受试呈现问卷时，研究者特地打乱了不同对照组的排序（不同概念编码、不同语境、不同用法的特称描述语），并且将 22 个句子打印在 22 张卡片上，依次单独呈现，防止排序以及同页共现令受试理解关键词形成思维定式。

6.4.2.2 后续访谈问题

在有声思维的实验结束后，研究者立刻对受试进行了后续访谈。访谈中，研究者询问了受试对于不同特称描述语 the 的理解，以及对不同特称描述语理解的难易程度。同时，再次确认受试是否清楚相关特称描述语的指称对象，并根据现场观察的笔记，要求受试进一步澄清一些解读的依据。

6.4.3 数据收集

2017 年 12 月 8 日至 13 日，研究者分别对 6 名受试进行了有声思维的培训，并用高质量的两支录音笔（Sony ICD-PX470 和 Sony ICD-PX240）和带小支架的高清智能手机（iPhone 6S）收集了有声思维实验和后续访谈的数据。在与受试协商后，收集数据的环境分别定在 18 平方米左右的外教办公室或受试家中，这些处所灯光明亮、环境安静，这些放松熟悉的环境，有助于受试顺利完成有声思维的实验。

研究者选择了性格相对外向的 6 名受试进行语言表达技术培训。培训包括演练与指导相结合的方式。演练是指，实验开始时用包含生造单词的例句对他们进行培训，要求他们逐句汇报粗体字的意思和理解过程，并将整个培训过程以录像方式记录下来。培训时，研究者先向受试详细说明"有声思维"的意思，也就是要用语言表达自己的思维过程。随后指出"提示"部分对完成任务的具体要求，然后请受试解读出现在不同话语中的一个生造单词 kolpers。当受试表示不理解要做什么或者怎么做时，研究者暂停培训并继续进行解释。当受试明确表示已经理解后，再请他尝试说出对该生造单词的理解过程，如有问题，再继续培训并纠正。研究者挑选了停顿和沉默时间较短、内容丰富的有声思维报告，回放给受试看，让他们从中感悟什么样的报告才是比较理想的有声思维汇报。

指导是指研究者在回放刚刚演练的有声思维录像时，会在受试停顿或沉默的地方暂停下来，或在研究者认为重要的地方暂停下来，进一步询问受试当时大脑中在处理哪些信息，还有哪些信息没有汇报出来。通过这样的提示，来锻炼受试用语言表达自己思维过程的能力。

除了技术培训，对受试还进行了心理培训，向他们讲明数据真实的重要性，要求他们在有声思维汇报时实事求是，不要顾及研究者的好恶并且帮助受试克服惧怕设备、害怕别人笑话的心理。

这6位受试在培训过程中提出了如下五个问题：

（1）要说多久汇报才能满足要求？需要说多少内容？解读到什么程度可以换下一个句子？

（2）是逐字逐句地说吗？

（3）是看完再说还是边看边说？说的过程中能否有停顿？思考时大脑中无关紧要的信息要不要汇报？

（4）如果汇报有误或不符合要求，现场会有提示吗？

（5）在汇报的过程中前后理解不一，有偏差，需要纠正时怎么办？

研究者对这五个问题回答如下：

（1）口头汇报与思考同步，汇报时注意任务的具体要求，解读完成一个特称描述语就可以依次换下一张卡片。

（2）汇报按照对自然语言的处理单位自然地进行。

（3）汇报是边看边说，可以出现正常的停顿，受试应该将自己解决问题过程中所有的思想活动都汇报出来，想到什么就说什么，不要有所取舍。

（4）如果受试出现长时间的沉默，研究者会以敲击桌面的方式提醒。

（5）当前后理解有偏差时，要如实汇报对意义的修正过程，不要有所隐瞒。

在顺利完成培训后，正式进入有声思维实验的阶段，该过程同时用高质量的录音笔和高清手机进行录音和拍摄。实验开始前，用于拍摄的高清手机用小三脚支架置于桌面一个角落，受试坐在正对桌面一米开外的一把椅子上，录音笔置于受试椅子旁的另一把椅子上。因录音和手机录像设备均非常小型化，与周围环境比较协调，同时这些设备的操作也是由研究者自己完成的，避免了陌生人对受试可能产生的干扰，研究者判断受试的情绪不受环境的影响。

在告知了受试本实验的目的和要求后，研究者给出明确的指令，受试就手拿卡片开始阅读和汇报。为了防止其他句子的干扰，每张卡片上只有一条测试话语，话语里面包含一到两个特称描述语。整个汇报过程连续不间断，当受试解读完最后一张卡片宣布结束时，研究者宣布停止实验，同时终止录像和录音。

在随后的访谈中，研究者主要询问了受试对于不同特称描述语 the 的理解，以及理解不同特称描述语的难易程度。同时，再次确认受试是否清楚相关特称描述语的指称对象，并根据现场观察的笔记，要求受试进一步澄清一些解读的依据，对一些笼统解释的部分作一步阐述。

6.4.4 数据分析

在实验结束后，研究者对有声思维汇报的录音数据进行了转写。转写严格遵守"完整、忠实、可靠的原则"（郭纯洁，2007，2015）。转写的完整性是指将有声思维录音、录像由始至终、全面地转写下来，记录包括各种非语言信息，如停顿、沉默、动作等。非语言信息也能传达思维信息，表明受试在思维过程中遇到的困难、不确定等。转写的忠实性是指转写时一定要忠于录音、录像材料，录音、录像上有什么就转写什么，不增加或删减材料内容。转写的可靠性指转写的书面符号要与声音相符合，切不可随意歪曲原录音和录像的原始内容（郭纯洁，2015）。

在转写的过程中，对于停顿和沉默现象，研究者对填充停顿（filled pause）用"eh.." "嗯.." 或"eh…" "嗯…" 等表示，前者表示填充停顿 1~2 秒，后者表示填充停顿 2~3 秒。研究者用逗号标出正常的语音停顿，用分号标出稍大于正常的停顿，用省略号标注受试短暂停顿的时间，3 秒内的用"…"表示，3 秒以上的用"……"表示。对于受试重复话语、修正话语等现象，均如实转写在文字中。转写结束后，研究者按各组例句的呈现顺序对所有语料进行了分段。

将有声思维的录音、录像转写为书面材料后，研究者还对数据进行了评估和整理。由于研究者有一定的有声思维数据采集经验，受试接受了一定的技术和心理培训，有着良好的合作态度。受试和研究者在测试前和测试中都没有出现意外状况。数据采集的环境符合测试要求，数据不是受试为迎合或应付研究者而编造的，并且录音、录像质量清晰可靠，录音、录像材料中累计的沉默时间不超过总测试时间的10%。因此该数据具有有效性和可信度。

一般来说，对有声思维数据的整理包括切分、编码和分类三个方面（郭纯洁，2015），以便进行有效的统计分析。由于本研究主要是定性分析性质，所以没有对数据做进一步的编码处理，而是对数据做逐字分析解读，从中寻找研究问题的答案。此外，对录像数据的整理，还包括仔细察看人物画面来寻找比较特殊的身体语言。特殊的身体语言可能说明理解时出现困难的情况。在整理拍摄数据时，排除了那些没有身体语言的画面和一些习惯性的身体语言（边说边做手势、习惯性嘬嘴、阅读时用手顺着纸上文字移动）的画面。

6.5　结果与讨论

本节按四个研究问题的顺序报告实验的结果，并进行分析。

6.5.1　特称描述语理解中的概念编码

如第 4 章分析所得，概念编码通常可以帮助解读完整性特称描述语，特别是完整性特称描述语用作属性用法时，此时概念编码是获取相应语义的必要不充分条件。

受试在解读完整性特称描述语时，其概念编码可以帮助其解读出特称描述语的属性语义。例如：

（6－2）The architect of Suzhou Museum is brilliant.

受试 1：唔，嗯，哇噢，这是关于建筑师，嗯，在苏州设计漂亮博物馆的建筑师。嗯，所以他肯定做了一些独特的东西。这个苏州的建筑师修建了一个独特的博物馆（Woo，en，Wow，this is about the archi-tect，eh，who，who designed the beautiful museum in Suzhou. En，so he must have done something very unique. This architect of Suzhou，built a unique museum）。

受试3：一个建筑师设计了这个建筑，所以是设计这个博物馆建筑的人。这肯定是一个非常漂亮的建筑。我的脑海里浮现出苏州，我从来没有去过那里。我想去参观那个城市（An architect is the person who designs the building so the museum building，it must be a very beautiful ar-chitecture. My mind wonders in Suzhou，I have not been to yet. I want to go visit that city）。

受试4：苏州博物馆的建筑师，所以那个设计了苏州博物馆的男人或女人干得很好。他们，词语，通常博物馆是那些保存美丽东西、历史古迹、文化遗产的地方。所以整句话是说保存了这些东西的地方很漂亮。所以设计了这座建筑的人工作出色，在苏州设计了这个博物馆（The architect of Suzhou museum，so the man or woman who designed the Suzhou museum did a great job. They，the word，usually museums are places that hold beautiful things，things of history，things of culture. And so for the sentence is talking about the building that holds these things is bril-liant. So the person who designed the building did a good job，designing the museum；in Suzhou）。

从受试的有声思维实验数据发现，六位受试基本都是依赖语言编码在解读该特称描述语。如4.1节所定义的语言编码和相应的编码的概念内容，在本书中编码的概念内容是大脑中的一种记忆地址，可以由此获取三种条目，这三种条目，除了共享的词汇和逻辑条目外，相应的百科条目也是比较规约化的、凸显的信息。这六名受试全都提到与这些编码概念相关的规约化信息，比如编码的概念内容 ARCHITECT 就是设计博物馆建筑的人，MUSEUM 就是那些保存美丽东西、历史古迹、文化遗产的地方，SUZHOU 是城市。受试分别理解了建筑师 AR-CHITECT、苏州 SUZHOU、博物馆 MUSEUM 的编码的概念内容，将其与相应概念直接联系起来。在最佳关联引导下，受试将这些单独的认知单元（cognitive entity）组合在一起，就是 ARCHITECT OF SUZHOU MUSEUM 这个编码的概念内容。所有受试对于苏州博物馆以及苏州博物馆的建筑师的具体信息一无所知，受试 3 说："我的脑海里浮现出苏州，我从来没有去过那里。"受试 2 甚至说："首先，数月前，我都不知道 z、h 拼起来是'zh'（j）的音。苏州博物馆，我一点儿都不知道这建筑，呃，苏州博物馆（First of all, a few months ago, I wouldn't know that 'z' 'h' sound makes a 'j', and Suzhou museum, and I don't know anything about the architecture of er, museum in Suzhou）。"尽管受试熟悉"建筑师""博物馆""苏州"这些独立的编码内容，但是这些独立概念的组合，即"苏州博物馆建筑师"却无法用于指称一个具体对象。在随后的访谈中，本研究询问受试是否清楚苏州博物馆建筑师的具体身份，受试均表示不清楚，因此可以推断出从物概念对受试们不可及。也就是说，该编码的概念内容无法唯一识别出一个从物概念。访谈中，受试们认为，the 在这里表示"有且仅有一个"，认为这里的语义是"有且仅有一个苏州博物馆建筑师"。也就是说，当 ARCHITECT OF SUZHOU MUSEUM 组成描述概念时，会有唯一一个指称对象满足该描述概念的内容。当受试大脑中没有储存一个具体个体对象，也就是其百科知识中缺乏该建筑师相关信息时，受试只能获取一个描述概念。换言之，在这句话中，受试完全依赖编码的概念内容获取描述概念，解读出"有且仅有一个苏州博物馆建筑师"的属性语义。

受试在解读完整性特称描述语时，其编码的概念内容本身不足以帮助其解读出特称描述语的指称语义。例如：

（6 - 1）The capital of China is magnificent.

受试 1：中国的首都很宏伟，指的是北京（The capital of China is magnificent, referring to Beijing）。

受试 4：中国的首都很宏伟，所以我认为是北京。我去过那里很多，很多次，在北京坐飞机坐过很多，很多次。非常非常对，它很宏伟（Capital of China is magnificent, so I think is Beijing. I've been there many, many times, flying in Beijing many, many times and it is very, very, it's true, it's very magnificent）。

受试5：中国的首都很宏伟。所以首都指的是北京，所以你会说城市北京很宏伟，因为它的历史和建筑以及在中国它所代表的一切（The capital of China is magnificent. So the capital would be referring to Beijing, so you would be saying the city Beijing is magnificent, because of all its history and its architecture and everything of the city stands for in the country of China）。

当 the capital of China 这样的特称描述语摆在受试面前时，受试并没有尝试去分开理解 capital（首都）、China（中国）的编码的概念内容，也没有尝试解读这些单独的认知单元组合起来的意义，而是很快说出了编码内容识别的指称对象——北京，满足了其关联期待。受试5甚至指出"中国的首都很宏伟"这句话就是"城市北京很宏伟"，也就是说这是语用充实后的完整命题。受试4也指出"北京"这个概念是完全可及，容易检索到的，因为他"去过那里很多，很多次，在北京坐飞机坐过很多，很多次"。也就是说，"北京"这一概念都在受试的百科知识里，是可及的从物概念 BEIJING，概念的指称物与概念之间由因果关系相连。受试4提到的因果关系包括我去过那里很多，很多次。因此，当受试大脑中储存了一个具体个体概念来唯一满足该特称描述语的描述内容时，也就是其百科知识中具有相关信息时，受试能根据编码的概念内容检索到相应的指称物。换言之，在这句话中，受试除了依赖编码的概念内容，还诉诸自己的百科知识，获取了"北京"这一指称解读。

此外，不完整的特称描述语因其编码的概念内容的相对匮乏，更会影响到受试的解读。例如：

（6－3）The president signed the bill in 2017.

受试 3：我不知道是哪一个总统，中国总统，美国总统，其他一些国家的总统。我不知道。但是这肯定是一个统治者，国家中的一个重要人士，领导人民还要通过在 2017 年签署的法案。他将一些东西签署为法律，使之生效（I wonder which president, the president of China, the president of the United States, the president of some other countries. I don't know. But it would be a ruler, somebody important in the country who leads the people and by signing the bill in 2017. He was signing something into law to make it go into effect）。

受试 4：所以我立刻想到了唐纳德·特朗普。我立刻想到了签署法案，签署一个，那个法案。当法案被签署后，它立刻变成法律。所以可能在 2017 年他在这里签署了一个新法律，但我立刻想到美国总统（So I immediately think Donald Trump. I immediately think signed the bill, sign a, the bill when the bill was signed it becomes law. So maybe a new law he signed here in 2017 but I immediately think the President of the United States）。

受试 6：我想到某个负责管理整个国家的人，或许某人压力很大，非常累，需要做很多事，尝试着搞定很多事…在总统任职期间（I think about someone who's in charge of the country, maybe someone who is stressed, who is tired, who is doing a lot, trying to get a lot done... for the time at there in presidency）。

对于该不完整特称描述语，PRESIDENT 的编码的概念内容可以是"总统""校长""董事长"等。由于语篇语境提到了"签署法案"，受试们都能从百科知识中提取出可以"将一些东西签署为法律，使之生效"这样的语境假定，所以都选择了"总统"这一语义。对于 PRESIDENT 的编码的概念内容，受试们都达成了共识：受试 3 指出总统"肯定是一个统治者，国家中的一个重要人士，领导人民"，受试 6 也指出总统是"某个负责管理整个国家的人，或许某人压力很大，非常累，需要做很多事，尝试着搞定很多事…"但是仅凭这个编码的概念内容，不足以让听话人获取相应的属性语义。如果我们坚持将该特称描述语解释为 Russell 派的分析，即"有且仅有一个总统"，这是与事实相违背的。受试也意识到世界上不止一个总统，因此这个特称描述语没有限定"唯一性"。受试 3 指出"我不知道是哪一个总统，中国总统，美国总统，其他一些国家的总统"。受试 6 认为是"某个负责管理整个国家的人"。为满足关联期待，试验中有受试对"总统"的语言编码进行了语用充实。受试 4 将该不完整特称描述语直接与美国总统唐纳德·特朗普联系起来。在后续的访谈中，他告诉我，因为他是美国人，所以听到总统的第一反应是自己国家的总统，而 2017 年的总统是特朗普。也就是说，面对不完整特称描述语，人们会从百科知识中提取语境假定语用充实其编码的概念内容。对于一个美国人而言，听到"总统"的第一反应是与大脑中的一个具体对象相匹配，而受试 4 迅速匹配到了从物概念 TRUMP（特朗普），从而用从物概念充实该编码的概念内容，得出"唐纳德·特朗普"这一指称解读，满足了自己的关联期待。但是事实上，PRESIDENT 是无法唯一识别从物概念 TRUMP 的。这一联系是受试 4 主观化的结果。这一解读也证明了陈新仁（2015）所说的，"唯一化是语境化的过程，主观化是唯一化的取向"。

受试对同一不完整特称描述语的解读存在差异，表明不完整特称描述语的概念编码不能独立决定该话语的语义。也就是说，由于不完整特称描述语自身携带的语境信息不足，有的受试诉诸自身百科知识提取语境假设进行充实以获取语义，有的受试则否定了该描述语的唯一性。

相比之下，完整性特称描述语提供了相对充足的编码的概念内容，有助于话语的解读。

（6-4）The president of the USA signed the bill in 2017.

受试 3：啊，所以之前那个是美国总统！唐纳德·特朗普。现在问题是他签署了哪道法案？他签署了很多，有些是行政命令，有些由国会通过，但是无论哪种方式，它们都成了法律（Ah，so that was the president of the USA！Donald Trump．Now the question is which bill did he sign? He signed so many, some are executive orders, some are passed by Congress, but either way they become law）。

受试 4：美国总统，唐纳德·特朗普，他签署法案。他保证上任后减税，减少公民们交的税。立刻我想到他签的这个法案可能是几周前，国会通过的税法立案。嗯，嗯，大约 1.5 万亿美元我们从国家预算中得到削减。所以这是我不需要付的钱。美国政府所以；我总是喜欢我有更多的钱。所以我立刻想到特朗普总统签署法案。很有可能是税方面的（President of the USA, Donald Trump, he signed the bill. He promised to appoint, being elected to have tax cuts to reduce the amount of taxes that the citizens pay. Immediately I think this bill that he signed is probably the bill that happened a couple weeks ago, and Congress passed the tax legislation. Well, um, almost one point five trillion dollars we get cut from the national budget. So that's the money that I don't have to pay. The US government so; I'm always a fan of having more money. So I can immediately I think the president Trump, signed the bill. Probably taxes）。

受试 6：特朗普的脸立刻进入我的脑海。很多变化。一些变化可能是好的。一些变化可能是更糟，对很多人来说（Trump's face immediately comes to my mind. A lot of change. Some change maybe for good. Some change maybe for worse, for so many people）。

当概念编码 president of the USA 出现时，其编码的概念内容 PRESIDENT OF THE USA 帮助听话人唯一识别出大脑中的从物概念 TRUMP（特朗普）。本族语者脑海中本来就储备了当今美国总统是唐纳德·特朗普这一信息，也就是说从物概念的指称物与从物概念之间是因果关系。那么这个相对完整的概念的编码内容就能唯一识别出相应的所指。为满足关联期待，受试们均获取从物概念来充实编码内容，立刻解读出指称语义"唐纳德·特朗普"。此时特称描述语的编码的概念内容对于帮助获取其指称语义有一定作用，但是从获取的语义上看，编码的概念内容不是指称语义的组成部分，也就是说，不是其获取指称语义的充要条件。

（6－6）The shooter is insane. （On Oct. 1ˢᵗ, 2017，a gunman fired a shower of bullets down on an outdoor country music festival below，killing 59 people and wounding more than 200）

受试1：是的，绝对是个厉害的射手。嗯；我知道这新闻。嗯……嗯……（点头）。是的，从我对这个故事所知道的有限知识来说，他，这个射手有很多支枪和来复枪，在拉斯维加斯的一个酒店里，就这样公然开枪。很不幸，他疯了，杀死了很多人［Yes, definitely a sharp shooter. Eh；I know this news. Eh...eh...（nodding head）. Yes, from my limited knowledge of this story，he，this shooter had many guns and rifles and was in a hotel in Las Vegas and just open fired. Unfortunately，he was mad and killing a lot of people］。

（6－7）The devil is insane. （On Oct. 1ˢᵗ, 2017，a gunman fired a shower of bullets down on an outdoor country music festival below，killing 59 people and wounding more than 200）

受试1：……（头仰后思考）所以，这是，因为灾难发生了……那些迷信的人，宗教中的魔鬼，天使之类。魔鬼指的是拉斯维加斯酒店里的射手；他是一个邪恶的人［...（with her head falling back and thinking）So this is，because the catastrophe happened...those who are superstitious and religiously devil，angles whatever. The devil is referring to the shooter in the Las Vegas hotel and；who is an evil person］。

句（6－6）和句（6－7）提供的语境都相同，但是概念编码不同。受试们处理该语言编码的方式不同，但是解读结果一致。尽管语境中并没有给出拉斯维加斯这一地点，但是受试们都提到这是拉斯维加斯的枪击事件。由于之前有很多关于该事件的报道，来自北美地区的受试们都通过媒体手段得知事情的经过，也对嫌犯有所了解。尽管他们不记得嫌犯的姓名，但是在有声思维以及访谈中，他们都表示自己知道这个确切的人以及他的一些相关信息。也就是说，这一从物概念①可及。以受试 1 为例，她表明"我知道这新闻"，"这个射手有很多支枪和来复枪，在拉斯维加斯的一个酒店里，就这样公然开枪"。可见她通过新闻，早就获取了这个从物概念。当给出相关情景时，为了满足关联期待，受试 1 提取了可及的语境假设，将编码的概念内容 SHOOTER 充实为临时性编码概念 SHOOTER＊（拉斯维加斯的枪手），这一临时性编码概念可以唯一识别出大脑中的从物概念。于是受试解读出指称语义，"那个在拉斯维加斯酒店里开枪的枪手"。

当概念编码是 devil 时，为了满足关联期待，受试 1 提取了可及的语境假设，找到了魔鬼很邪恶与枪手也很邪恶之间的相似性，编码的概念内容 DEVIL 被调整为临时性编码概念 DEVIL＊，该临时性编码概念也可以唯一识别出大脑中的从物概念。于是受试解读出指称语义，"那个在拉斯维加斯酒店里开枪的枪手"。可见，不同的概念编码可以解读出同样的语义，也就是说，对于不完整特称描述语而言，概念编码不是其获取语义的充要条件。

综上所述，根据实验结果，我们看到受试们在有声思维中都提到了概念编码，也就是说，其编码的概念内容是解读话语的起点。当编码的概念内容相对完整充足时，听话人可以依据相对完整的编码的概念内容，识别脑海中储备的指称物，一旦关联成功，就视为解读完成，例如"中国的首都"以及"美国总统"的指称解读。实验验证了完整性特称描述语用作指称用法时，此时编码的概念内容是获取相应语义的非充要条件，也就是说，如果有编码的概念内容不一定能得出指称语义这一解读，编码的概念内容不是获取指称解读的充分条件；该编码的概念内容也不是获得相应指称语义的必不可少的条件。如果脑海中没有相关百科知识，完整性特称描述语也会引导受试指向属性解读，通过分别理解词语各自的编码概念，受试解读其组合起来的语义，例如"有且仅有一个苏州博物馆建筑师"的属性解读。实验验证了完整

①　从物概念的表征形式不只是指称对象的名字。在某些情况下，听话人通过因果关系知道这个具体的对象，了解对象的很多特征。尽管不记得具体名字，我们也算作听话人获取了从物概念，因为从物概念的指称对象与内容之间建立了因果关系。

性特称描述语用作属性用法时，此时编码的概念内容是获取相应语义的必要不充分条件。也就是说，如果有该编码的概念内容不一定能得出属性语义这一解读，编码的概念内容不是获取属性解读的充分条件；但是编码的概念内容是获得相应的属性语义的必不可少的条件，是属性语义必不可少的组成成分。当编码的概念内容缺乏，出现不完整特称描述语时，听话人必须依赖更多的百科知识来充实该话语，以得出完整命题。孤立依靠编码的概念内容不太可能恰当地解读出不完整特称描述语的语义，相应的命题也无法判断其真假。此外，在同一语境下，不同的概念编码能指向同样的解读，这说明对于不完整特称描述语而言，概念编码不是其获取语义的充要条件。

6.5.2　特称描述语理解中的语境

根据第 5 章的分析，由语篇语境、情境和百科知识内化而来的认知语境对于决定特称描述语的解读起着很关键的作用。第 3 章理论框架中提到定冠词 the 编码了程序意义，该程序制约会限制特称描述语的解读范围。到底特称描述语会与哪个概念联系起来，得出哪个解读，这都取决于语境。

（6－5）The shooter is insane.

受试 1：射手，我第一个想到的是，是，一个人端着一把来复枪或手枪，他在射杀某人。显而易见，射杀任何人的某个人是疯狂的（The shooter, the first thing I think of is, is, a person with the rifle or gun and he is shooting somebody. Obviously somebody who shoots anyone is insane）。

受试 2：哇欧，第一个进入我脑海的是大屠杀，拉斯维加斯的枪击。有个枪手走到他房间，打破窗户，开始对着广场上的人开枪。枪击案，我们有这个问题，这是我们美国有的问题。我认为我们有一些精神不稳定的人，他们，嗯，用武器做坏事；特别是在学校里。还有他们肯定是疯了，没有正常人会这么做的。你怎么让这些疯狂的人不碰到枪？如果他们没有枪，当他们疯了他们做别的事，比如那些人开他们的车或卡车，冲向一群人。那就是他们是疯狂的人。所以，是的，一个枪手，我指枪手们（Wow, the first thing that comes to my mind is the massacre, the shooting in Las Vegas. And there's a shooter who went up to his room and broke the window and started shooting people in the Plaza. Shooting, the problem we have with, this is a problem we have in the United States. I think we have people that are not stable, who, er, use weapons for bad things; especially in schools. And, they have to be insane, no normal person would do that. How do you keep guns out of hands of insane people? And if they didn't have guns, when they were insane they do something else, like the people who are, took their cars or trucks and ran into a crowd of people. That's just, they are insane people as well. So, yeah, a shooter, I mean shooters）。

受试 4：所以我立刻想到了一个…枪手，一个活跃的枪手，可能在一所学校或大学，在他们的嗯..非常疯狂零星地射击（手势）我立刻想起了枪。我立刻想起了这个没有正常思考过程的人。他们疯了。他们在做不理性的射击行为［So I immediately think of a…gunman, an active shooter, maybe at a school or university, and shooting very sporadically very crazy in their eh..（hand gesture）I immediately think of the gun. I immediately think of this person who doesn't have a normal thinking process. They are crazy. They are doing the irrational act of shooting］。

但是受试 4 接着又指出：这可能意思是或许跟运动有关？我想是篮球？说点乐观的，射手很疯狂，可能想嗯..像一个篮球射手，是他或她。他们投篮很多次但是这很疯狂，所以有些球进了有些球没有。所以这是我想到的射手（It could mean maybe something do sports? I think basketball? And on a lighter note the shooter is insane maybe thinking eh..like a basketball shooter he or she is. They are shooting a lot of basketball shots but it's crazy, and so some are going, some are not. So this is what I think of shooter）。

受试 6：射手，立刻我想到在我高中开枪的那个人。所以我想到某个人，我想到某个人端着一把枪，某个非常危险的人；他可怕，嗯，他非常生气，他自身有问题。嗯，我想到了群众。像是群众，有一群人，尝试伤害很多人（The shooter, immediately the person who shot at my high school jumps into my mind. So I think of someone, I think of someone holding a gun and someone who is dangerous; who scary, eh, someone who is really angry and has a problem. Um, I think of like a mass. It shows like a mass, a group, trying to hurt a lot of people）。

对于该不完整性特称描述语，shooter 这个词就像 bank 一样，具有不同的编码的概念内容。而受试均将概念编码与 SHOOTER$_1$ 相联系，他们均提到了枪支这一相关信息，说明他们基本共享了编码的概念内容 SHOOTER$_1$，比如受试 1 提到是"端着一把来复枪或手枪"的人。但是仅凭这个编码的概念内容，不足以让听话人获取相应的属性语义。如果我们坚持将该特称描述语解释为 Russell 派的分析，即"有且仅有一个射手"，那么相应的命题为"有且仅有一个射手，无论他是谁，他是疯子"。但是该编码的概念内容构成一个描述概念，是无法限定其唯一性的。受试的回答也表明，他们不认为这是唯一的一个射手。受试 1 解读为"射杀任何人的某个人"。受试 2 立刻想到"拉斯维加斯屠杀中的枪手"，后来转而认为是"拿武器伤害别人的疯狂的一类人"。受试 4 认为可能是"拿枪射击的一个射手"或是"拿枪射击的这类人"，或是"一个投篮射手"。受试 6 解读为"我高中校园里的枪手"或"某个端着枪的人"。由于缺乏相应的语境，仅凭语言编码，受试无法确定特称描述语的确切意思，相应的解读也有所不同。受试 4 在后续采访中指出，他是一个篮球爱好者。可见，为了满足关联期待，他从百科知识中提取了篮球方面的语境假定参与到话语解读过程中，因此他想到另一个编码的概念内容 SHOOTER$_2$，即篮球射手。他推测这可能是一个投篮动作比较疯狂的篮球射手。受试 2 和受试 6 在解读时，SHOOTER$_1$ 首先激活了脑海中储存的一个具体射手形象，即一个由因果关系建立的从物概念，如最近令受试 2 印象深刻的拉斯维加斯枪杀案嫌犯，受试 6 立刻想到她高中亲眼看到的校园枪手。但是由于情境并没有提供相应的背景支持，他们无法用 SHOOTER$_1$ 唯一识别出各自的从物概念，所以转而将其解读为"拿武器伤害别人的疯狂的一类人"和"某个端着枪的人"。由于缺乏一定语境，受试均不确定该特称描述语的具体所指，也无法判断该话语的命题真假。

(6-6) The shooter is insane. (On Oct. 1ˢᵗ, 2017, a gunman fired a shower of bullets down on an outdoor country music festival below, killing 59 people and wounding more than 200.)

受试1：是的，绝对是个厉害的射手。嗯；我知道这新闻。嗯…嗯…（点头）。是的，从我对这个故事所知道的有限知识来说，他，这个射手有很多支枪和来复枪，在拉斯维加斯的一个酒店里，就这样公然开枪。很不幸，他疯了，杀死了很多人［Yes, definitely a sharp shooter. Eh; I know this news. Eh…eh…(nodding head). Yes, from my limited knowledge of this story, he, this shooter had many guns and rifles and was in a hotel in Las Vegas and just open fired. Unfortunately, he was mad and killing a lot of people］。

受试4：我立刻知道这是在拉斯维加斯，在拉斯维加斯，内华达州，美国。我想射手，嗯，他疯了。他去那里就是为了个人发泄。感到愤怒和感到沮丧是一件事，但是按照自己的情绪像这样做事。这59人死了，还有200人，他们没有选择按意气行事。他们。他；枪手剥夺了他们的选择权。这非常令人郁闷。这是个非常让人郁闷的句子。它让我想起了这射手 (I immediately know that this is in Las Vegas, in Las Vegas, Nevada, the United States. I think the shooter, eh, he was deranged. He was all there for someone to act out. It's one thing to feel angry and feel upset, um, but then to act on your emotion like that. And these 59 people who died and 200 people they didn't have the choice to act on the emotion. They. He; the shooter took that choice away from them. This is very upsetting. It's a very upsetting sentence. It makes me think of the shooter)。

受试6：我想到拉斯维加斯。拉斯维加斯宾馆里的射手。某个非常愤怒的人，悲痛，混乱。那些经历了恐怖混乱时间的人们。其他人跑来试着帮助恐惧中的人们（I think about Las Vegas. The shooter in a Las Vegas hotel. Someone who is very angry, distress, chaos. People who are going through, a scary, chaos time. Other people coming trying to help people in scared）。

句（6-5）和句（6-6）的概念编码一样，当给出一定的情境信息后，听话人脑海中更多的百科知识被调动起来，参与到语言处理中。"2017年10月1日，一个枪手向户外乡村音乐节开火，打死59人，打伤200人"，这一信息成为语境假定的一部分。从受试的话语得知，所有受试都读过相关报道，知道这个枪手的相关信息，比如受试1提到"我知道这新闻"。受试4立刻指出这是发生在"拉斯维加斯，内华达州，美国"的事件。如前所述，由于读过相关报道，所以这个从物概念对所有受试都可及。虽然受试们没有提及他们对于该概念编码做了哪些微观的加工处理，但是我们至少知道，他们用概念编码 shooter 识别出了大脑中已有的从物概念，得出了指称解读，即"那个在拉斯维加斯酒店里开枪的枪手"。

从句（6-5）和句（6-6）的对比解读可以看出，当同一概念编码出现在同一句话中，由于话语所处的语境不同，听话人解读出了不同的语义。可见，在特称描述语的解读过程中，由语篇语境、情境和百科知识内化而来的认知语境对于话语解读有着很关键的作用。尽管定冠词 the 编码了程序意义，该程序制约会限制特称描述语的解读范围，限制特称描述语指向从物概念、描述概念和类型概念，但是到底特称描述语会与哪个概念联系起来，得出哪个解读，这都取决于语境。

接下来，以同一语境不同概念编码为例：

（6-7）The devil is insane. （On Oct. 1st, 2017, a gunman fired a shower of bullets down on an outdoor country music festival below, killing 59 people and wounding more than 200. ）

受试 1：…（头仰后思考）所以，这是，因为灾难发生了…那些迷信的人，宗教中的魔鬼，天使之类。魔鬼指的是拉斯维加斯酒店里的射手；他是一个邪恶的人［…（with her head falling back and thinking）So this is, because the catastrophe happened…those who are superstitious and religiously devil, angles whatever. The devil is referring to the shooter in the Las Vegas hotel and; who is an evil person］。

受试 4：所以现在我回想起那句话"射手是个疯子"。我看过的那张卡片，现在赋予这个射手一个更负面的含义。射手只是，你知道，表示一个人的名词，但是魔鬼是嗯，对我而言，我在想，魔鬼们非常非常邪恶，非常恶毒，莫名其妙地想要伤害人。所以我想到射手。我认为这是，这是纯粹邪恶的行为。为什么你的情绪，你的想法，嗯，导致你去杀死大量的人？这个人的头脑坏了，或者可能他们情感上有伤疤，受伤了，因为有些特别糟糕的事发生在他们身上（So now I am recalling the shooter is insane. The card I've seen, and now, placing more of a negative connotation on the shooter, as the shooter is just, you know, the noun of the person but now the devil is in um, for me, I'm thinking, the devils are very, very evil, very malicious, wanting to harm people for really no reason. And so I think the shooter. I think this is the, this is an act of just pure evil. Why would this, why would your emotions, why would your thoughts, um, lead you to kill such a large amount of people? There's something, something wrong with this person in the head, or maybe emotionally even they are scarred or wounded because something very, very bad happened to them）。

受试 6：在宗教里，有神和魔鬼。魔鬼真的很邪恶。我想到了拉斯维加斯的射手。他也很邪恶。嗯，我想到了我的国家，还有暴力，愤怒的人们，不知道他们是如何伤害了他人的人们。我想到了为其他人感到的悲伤（In religion, there are God and devils. The devil is really evil. I think about the shooter in Las Vegas. He is evil too. Um, I think about my country; and violence, people who are angry and who don't understand how they hurt other people. I think about sadness for other people）。

如前所述，由于读过相关报道，所以这个从物概念对所有受试都可及。同样的情境，当概念编码有所改变后，严谨性特称描述语变为了松散性特称描述语。由受试的反应可以看出，他们调动了更多的百科知识来处理该话语，其有声思维实验数据中有证据表明，他们将编码的概念内容 DEVIL（魔鬼）临时性建构为 DEVIL＊（魔鬼＊）。比如受试1说："那些迷信的人，宗教中的魔鬼，天使之类。"受试4说："魔鬼们非常非常邪恶，非常恶毒，莫名其妙地想要伤害人。"而枪杀别人，在他看来是"是纯粹邪恶的行为"。魔鬼很邪恶，音乐节上的枪手也很邪恶，受试们均提到了两者存在的相似之处。

值得注意是，受试1在关联枪击事件、魔鬼以及射手时，有一个明显的仰头动作，表明她付出了比较大的加工努力，试图找出三者的关联，如图6-1所示：

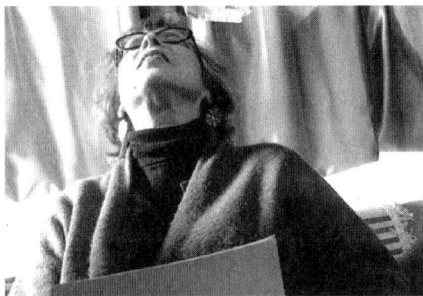

图6-1

对于受试4而言，除了提供的情境信息，他提取了更多的语境假定，他提到："所以现在我回想起那句话'射手是个疯子'。""我看过的那张卡片，现在赋予这个射手一个更负面的含义。"之前展现过的那句话进入他的工作记忆，也成为他的语境假定。

可见，在解读松散性特称描述语的过程中，认知语境对于话语解读起着很关键的作用。基于语境假定，听话人根据编码概念建构临时性概念进行语用推理，临时性概念与编码概念在逻辑和百科信息方面构成一种相似的关系。在话语解读中，受试们都知道这里的 the devil 并不是指宗教书籍中的"魔鬼"，而是指与魔鬼相似，或具有魔鬼特性的邪恶之人，即"魔鬼一般的人"。建构的临时性概念 DEVIL ＊能帮助受试们识别出那个特定的拉斯维加斯枪手。值得注意的是，这里的指称解读是非默认的，因为受试们并非从编码的概念内容直接识别出概念的指称对象，而是进行语用推理后，利用临时性概念识别出来的。也就是说，存在非默认指称解读的情况。

除了提供直接情境，更多的时候，语篇语境会进一步影响到话语处理所付出的加工努力程度，相应地会影响获取的认知效果。如受试对以下两句的解读：

（6–10）Professor Chen flew to Berlin. The flight lasted 12 hours.

（6–11）Professor Chen switched off the computer. The lecture lasted 2 hours.

受试 1：嗯，飞行，显然是他的飞行，他很有可能，嗯，陈教授是中国人。他可能离开，他可能从中国或其他地方出发的。他的飞机，飞行很长时间，飞行持续了 12 个小时（Eh, the flight, obviously he took, he probably eh, Professor Chen is a Chinese. He could have left, he could have departed from China or anywhere. And his airplane, flight was long and, the flight lasted 12 hours）。

受试 1：陈教授关掉了电脑。讲座持续了两个小时。陈教授关掉了电脑。讲座持续了两个小时。所以…我将设想这里有个学生刚听了陈教授给的讲座，知道讲座持续了两个小时。当他关掉电脑，这是信号，表明讲座结束了（Professor Chen switched off the computer. The lecture lasted 2 hours. Professor Chen switched off the computer. The lecture lasted 2 hours. So…I am going to assume that this is a student who just had a lecture by Professor Chen and knows that the lecture lasted 2 hours. When he switched off the computer it's the sign that the lecture is over）。

受试 4：飞行是指持续时间。陈教授在飞机上待的时间就是这个飞行的意思（The flight is the duration. The duration of professor Chen in airplane is the flight）。

受试4：黑体字的讲座是嗯…他正在说的东西，这里他正在谈论嗯…我不知道主题，但是无论主题是什么，它用的时间超过了这位教授的期盼，因为这个教授打开电脑，关上电脑，另一种方式我们很可能说关掉电脑，嗯因为教授关掉电脑，可能是，电脑电池用光了或电脑死机了或者是教授想学生更专注地听他，他或她讲的内容，而不是看着可能的展示。这个讲座是教授谈论的一切。他们在讨论（The lecture in bold is um…what he is talking, here he is talking about um…I don't know the topic, but whatever the topic was, it went much longer than this professor was expecting, for the professor to turn on the computer, switch off the computer, another way we will probably say turn off the computer, um for the professor to turn off the computer, might be, was the computer battery or the computer might have died or maybe the professor wanted the students to focus more on what he was, he or she was saying rather than looking at maybe the presentation. The lecture was, whatever the professor was talking about, they are discussing）。

句（6－10）中，对于 the flight 这一不完整特称描述语，受试们很容易通过直接的或推理的前指关系（direct or inferential anaphora）找到了指称，即"陈教授的飞行"，或"陈教授在飞机上待的时间"。虽然不能据此识别出从物概念，也就是陈教授的具体航班号等信息，但是受试们都可以通过上下文，将编码的概念内容调整为"陈教授的飞行"，而这一解读在他们看来具有了唯一性。

句（6－11）中，the lecture 这一不完整特称描述语，无法从前述话语中直接得到指称对象，需要听话人付出努力做进一步的推理。在访谈中，受试们均表示，出现在后一种语篇语境中的特称描述语理解起来更困难，需要付出更多的加工处理努力。受试1和受试4的有声思维过程也证明了这一点。受试1说"我将设想这里有个学生刚听了陈教授给的讲座"，推理的证据是"他关掉电脑，这是信号，表明讲座结束了"，也就说教授用电脑做的讲座，电脑是一个信号，表明讲座结束的信号。对于 the lecture 的解读，需要借助前述话语中对"陈教授关掉电脑"的理解，而这两者在话语中没有明显表现出有某种必然的联系。受试 4 在猜想关掉电脑的几种可能性，"因为这个教授打开电脑，关上电脑，另一种方式我们很可能说关掉电脑，嗯因为教授关掉电脑，可能是，电脑电池用光了或电脑死机了或者是教授想学生更专注地听他，他或她讲的内容，而不是看着可能的展示"。可见，电脑与陈教授的讲座有一定联系，但具体联系是什么，受试经历了比较费力的推理过程。受试 4 仍不清楚，陈教授到底是用电脑做的讲座，还是关掉电脑后做的讲座。但是为了满足关联期待，受试觉得陈教授关电脑是与讲座有关的，所以费力地推断关掉电脑与讲座之间的关系，可能是讲座用的电脑电池用光了，电脑死机了，又或是关掉电脑让学生更专注于他的讲座本身，而不是看他电脑播放的幻灯片。通过这样的搭桥推理（bridging reference），受试得出该特称描述语的语义，"讲座"指的是"有且仅有一个陈教授做的讲座"。此外，从受试的解读结果可以看出，概念编码是组成这两个不完整特称描述语属性语义的必不可少成分，也就是说概念编码是其属性语义解读成功的必要不充分条件。

综上所述，语境对特称描述语的解读发挥了极大作用。受试们从语篇、直接情境和百科知识等各种渠道中提取最可及的语境假设以满足关联期待。这一内化而成的认知语境具有动态性，影响着话语的解读。

6.5.3　不同类型特称描述语的理解过程

在第 4 章和第 5 章中，分别探讨了概念编码和语境在理解完整性特称描述语、不完整特称描述语、松散性特称描述语以及错误类特称描述语中的作用，发现对不同类型的特称描述语，其理解过程有所不同，概念编码和语境的作用也有所不同。本章前两个小节中也涉及了完整性和不完整特称描述语理解的差异，同时也谈及理解严谨性特称描述语和松散性特称描述语的异同。接下来将重点探讨概念编码和语境如何影响含转喻和含隐喻的特称描述语，以及错误类特称描述语，并探讨相应的理解过程。

（6－8）The ham sandwich left without paying.

受试2：火腿三明治没有付钱就离开了？（升调，音量提高）那不可能。火腿三明治不能离开。人离开，那个购买了火腿三明治的人没有付钱就离开了［The ham sandwich left without paying? (rising tone, rising voice) That cannot be. Ham sandwich don't leave. The person left, the person who purchased the ham sandwich left without paying］。

受试4：好的，下一个是火腿三明治没有付钱就离开了。（笑）所以我觉得这很好笑因为像火腿三明治这样付钱是好笑的，这给了一个无生命物体一个目的感，嗯，拟人化，将三明治说成人，因为你为一个三明治付钱，而三明治自己不会为自己付钱。所以可能为了让这个说得通，我将考虑可能这个火腿三明治是某个人的绰号，这个，或许火腿三明治是某人的爱称，只是他们被叫作好笑的东西，所以可能这儿有一个好笑，好笑的事。他们没有付钱就离开了［Ok, the next is the ham sandwich left without paying. (laughing) So I think it is funny because the ham sandwich paying is funny like this is a giving an inanimate object a sense of purpose and um personification making a sandwich into a person because you pay for a sandwich and sandwich don't pay for himself. So maybe for this to make sense, I would consider maybe the ham sandwich is someone's nickname, this and maybe the ham sandwich is someone's pet name, just the silly things they are called and so maybe there is a funny, funny thing. They left without paying］。

受试6：火腿三明治，我认为这是一个辱骂，嗯，这是一个短语，某人在说另外一个人。我不认为是在谈真正的三明治，一个真正的三明治。我认为这是某人用的短语，用来描述一个付钱的人，一个没有付钱就离开的人。我想到这个人不善良，很沉闷乏味（The ham sandwich, I think this is an insult, um, it's a phrase that someone is saying about someone else. I don't think that it's the actual sandwich, an actual sandwich, I think it's a phrase someone uses to describe someone who pays, who leaves without paying. I think of someone who is not kind or who is tedious）。

在对这个含转喻的特称描述语进行解读时，听话人经历了相对较费力的话语处理加工过程。在句（6−8）中，涉及的描述、从物或类型概念并不直接可及。受试均认为仅凭借概念编码得到的属性解读"有且仅有一个火腿三明治"无法确定句子的命题。比如，受试 2 提高音量，用升调质疑道"火腿三明治没有付钱就离开了？"他认为"那不可能"，因为在他的百科知识里"火腿三明治不能离开"。受试 4 也觉得"火腿三明治这样付钱是好笑的，这给了一个无生命物体一个目的感"，因为"三明治自己不会为自己付钱"。受试 6 也觉得这不"是在谈真正的三明治，一个真正的三明治"。

当概念编码不能满足受试的关联期盼时，受试从百科知识中提取更多的语境假定来充实该概念的编码内容。有的受试找到了火腿三明治和购买火腿三明治的人之间的邻近性关系，于是，HAM SANDWICH 被调整为临时性概念 HAM SANDWICH$_1$*，受试 2 解读为"购买了火腿三明治的人"。受试 4 提取语境假定后，认为这是"拟人化，将三明治说成人"。但是三明治跟人是怎么联系上的呢？"所以可能为了让这个说得通"，这一元话语说明受试 4 在努力寻找火腿三明治与付钱之间的关联性，以满足关联期待。这一元话语也部分证明了最佳关联原则的存在。正是最佳关联原则在引导话语推理，鉴于"每一个话语或明示的交际行为都应设想它本身具有最佳关联"，受试付出更多的努力找到可及性高的语境假定。受试 4 考虑"可能这个火腿三明治是某个人的绰号"，"或许火腿三明治是某人的爱称"，"只是他们被叫作好笑的东西，所以可能这儿有一个好笑，好笑的事"。HAM SANDWICH 被调整为临时性概念 HAM SANDWICH$_2$*，受试 4 解读为"有火腿三明治绰号的人"，而这个绰号只是好笑而已。但是在解读结尾，他采用了第三人称复数形式来指称，"他们没有付钱就离开了"。这说明即便将编码的概念内容进行了语用充实，他仍然无法确定其唯一性。受试 6 则"认为这是一个辱骂"，是对一个没有付钱就离开的人的侮辱。HAM SANDWICH 被调整为临时性概念 HAM SANDWICH$_3$*，她解读的是"某个被辱骂成火腿三明治的人"。在随后访谈中，本研究追问了"火腿三明治"和"某个被辱骂成火腿三明治的人"之间的关系，受试 6

指出她成长在美国南方，那里的人们会随意地用一些物体来指称他人，而两者之间并无相似或邻近之处，把人比作是无生命、非人的物体，就是对其的看不起和羞辱。从受试处理含转喻的特称描述语的思维过程，我们可以看到，他们在最佳关联引导下，从语篇和百科知识中提取可及的语境假定，建构出临时性概念，以加工处理该特称描述语。由于没有更丰富的情境信息，受试们仅仅依靠自身的百科知识、语篇信息和概念编码，并不能完全确定其准确的语义。受试用了"或许""可能"这样的字眼，表明是猜测的解读。而且三名受试的解读结果完全不同。

（6-9）The pen is mightier than the sword.

受试1：嗯，之前读到过。嗯…是的，笔显然写字，字帮助人们解释事情，帮助沟通，当你能沟通，你解决问题。所以笔指文字或沟通。它不是指一个具体的笔。剑就是杀人或者威胁人。所以这里的剑不是真正的剑，而是武力（En, read this before. Eh…yes, the pen obviously writes words and words help people explain things, helps to communicate. When you can communicate you solve the problems. So the pen refers to words or communication. It's not a specific pen. The sword simply kills people; or threatens people. So the sword here is not an actual sword, but force）。

受试2：当我想起笔比剑有力，我想起了…邦，邦，邦，邦，（哼起一个曲子）那电影叫什么名字？"夺宝奇兵"。嗯，还有那个；他的脸是谁？肖恩·康利，他在一个坦克里。他把一支笔喷向一个纳粹士兵，他还说道"笔比剑有力"。他引用的是文学中的语言，但我不知道是谁说的此话。我还觉得这句话说得非常好，笔比剑有力。但是这笔不是肖恩·康利用的那支笔。笔可以用来写字，所以笔指文字。剑能杀人，所以剑指武力或打斗。当笔能赢取胜利，我们不需要剑。当笔不能赢取胜利，看起来似乎我们要诉诸剑来解决我们的问题〔And when I think of the pen is mightier than the sword, I think of the…bang,

bang, bang, bang, （humming a tune）what was the movie called? The Raiders of the Lost Ark. Eh, with the; what's his face? Shawn Konrey, and he was in the tank. And he squirted a pen on the Nazi soldier and he said "the pen is mightier than the sword", which he was recording from some literature and I don't know who was the person to do that and I also think that is a very true statement, the pen is mightier than the sword. But the pen is not the pen used by Shawn Konrey. Pen can write words, so the pen refers to words. Sword can kill people, so the sword refers to force or fight. And when the pen succeeds, we don't need sword. When the pen fails, it seems that we resort to sword to solve our problems]。

受试 4：这是一个经典英语短语，意思是和平通过对话获得，通过用你的语言来表达你的，你想要的。而不是使用剑，剑象征着武力或战争。我们都知道，人们用剑打架。所以笔是用来写字的。它象征着文字，所以文字，文字更好地在一个社会或一个国家获得和平，比起争斗来（This is a classic English phrase, which means peace is often found through conversation, and through using your words to express your, what you want rather than using your sword, which is symbolic of force or war. As we know, people fight with swords. So the pen is used to write down words. It is symbolic of words, so words, words are better to get peace in a society here or a country than the fighting）。

句（6-9）中有两个含转喻的特称描述语，在解读过程中，受试经历了对 PEN（笔）和 SWORD（剑）这个编码概念进行放宽处理的过程，从而得出临时性建构的概念 PEN＊（笔＊）和 SWORD（剑＊）。具体来说，在最佳关联引导下，受试 1 付出努力从自己的百科知识中提取语境假定，指出"笔显然写字，字帮助人们解释事情，帮助沟通，当你能沟通，你解决问题。所以笔指文字或沟通"。并且受试 1 否定了这里的"笔"的指称语义，认为"它不是指一个具体的笔"，也就是说，受试 1 没有获取从物概念来充实编码的概念内容。同样，在最佳关联引导下，受试 1 也付出努力从自己的百科知识中提取相关语境假定，得出"剑就是杀人或者威胁人。所以这里的剑不是真正的剑，而是武力"。"文字"和"武力"这些类型概念本来就在正常成年人的百科知识中，因此受试1很快能提取出来。当临时性建构的概念的外延包含且只包含该类型概念所指称类型的所有成员时，该类型概念可及。受试4也经历了类似的推理过程，得出类指解读"文字"和"武力"。

受试2在解读时，概念编码激起了受试2更多的语境假定，他立刻哼起曲子，想起了一部电影叫"夺宝奇兵"。有个电影情节是"肖恩·康利，他在一个坦克里。他把一支笔（墨水）喷向一个纳粹士兵，他还说道'笔比剑有力'"。也就是说，在解读the pen时，受试2脑海里首先出来一支具体的笔——他在电影里看到的那支喷向纳粹士兵的笔。由于该电影情节在受试2的百科知识里，the pen的编码概念内容首先激活了这个从物概念。从受试2有声思维的过程来看，这个有具体指称对象的解读是比较优先的，默认的。但是随后，为了满足关联期待，受试2否定了脑海中这一从物概念，指出"但是这笔不是肖恩·康利用的那支笔"。他进一步进行语用推理，寻找笔与其他物体的邻近性关系，"笔可以用来写字，所以笔指文字"。同时指出"剑能杀人，所以剑指武力或打斗"。可见，受试2也对PEN（笔）和SWORD（剑）进行了临时性概念建构，从而用类型概念充实了编码的概念内容，同样得出"文字"以及"武力"或"打斗"的类指解读。

值得注意的是，受试们都对此类转喻很熟悉，受试1表示"之前读到过"。受试2在电影中就听到过这个表达。受试4表明"这是一个经典英语短语"。这一转喻表达，由于其规约化程度比较高，所以受试们都诉诸基本共享的百科知识，得出了相似的解读。相比而言，句（6-8）中的the ham sandwich属于相对新颖的转喻，听话人不太可能提取出相似的百科知识，因此会有各种各样的解读。对此，陈新仁（2008）特别指出，转喻如同隐喻一样，存在"规约化梯度"（scale of conventionality）。因此，对于含转喻的特称描述语来说，规约化程度不同会影响解读结果。总体来说，我们可以看出，概念编码虽是理解的起点，但是它不是理解含转喻的特称描述语的充要条件，语境在话语解读中发挥极大作用。

（6 - 12）Mike is sad，because the brightest star in his sky has just run off with the milkman.

受试 2：麦克很伤心因为他天空中最亮的那颗星刚跟送奶工跑了。什么？（升调）麦克很伤心因为他天空中最亮的那颗星刚跟送奶工跑了。（声音提高）嗯，这儿有些东西关于男人和情绪。男人和情绪，悲伤的情绪，跟谁跑了？我不能想起来那个。这些东西关于情绪和跑掉。送奶工在天空下，最亮的星星⋯为什么他们写的是送奶工，不是邮递员？嗯，这必须有个原因。最亮的，或许因为天空中的星星是白色的。那儿有银河？那儿有一条银河。嗯⋯麦克很伤心，所以这意味着这肯定不是一件好事情。因为如果这是一件好事，天空中最亮的星星跟送奶工跑掉了，他会高兴。或许他负责这颗最亮的星星。或许这颗最亮的星星属于他。然后，送奶工采用了引诱的方式。但是送奶工是怎么上天空的？或许他清晨一大早送牛奶。在太阳升起之前⋯这是，这是一个奇怪的句子。（声音变低）麦克很伤心因为他天空中最亮的那颗星刚跟送奶工跑了。哦！（声音变大）或许麦克有一个女朋友，跟其他某个人跑了。然后所以他仍遭受着被他女朋友甩掉的痛苦。然后所以他创造出了这种画面，最亮的星星与送奶工跑掉了，这意味着他，我不明白他是最亮的星星？或者可能他的女朋友是最亮的星星？然后他仅仅是扮演送奶工的角色。那不可能，因为星星跟送奶工跑掉了。然后麦克很伤心因为他的女朋友离开他了。我只是有点胡乱想来使理解容易一些（笑）[Mike is sad，because the brightest star in his sky has just run off with the milkman. What?（rising tone）Mike is sad，because the brightest star in his sky has just run off with the milkman. （rising voice）Well，there are things about the man and the mood. Man and mood，sad mood，run away with? I cannot remember that. There are something about mood and running off. The milkman under the sky，brightest star ... Why would they put milkman, not postman? Eh, there has to be a reason. The brightest, maybe because the stars in the sky are white. Is there a milky way? There has a milky way. Eh…Mike is sad, so it means it must not be a good thing. Because if it was a good thing, the brightest star in the sky ran off with the milk man, he would be happy. Maybe he is responsible for the brightest star. Maybe the brightest star belonged to him. And; the milk man enticed to the way. But how did the milk man get up into the sky? Maybe he's delivering the milk early in the morning. And before the sun came up …This was, this is a weird one. (in low voice) Mike is sad, because the brightest star in the sky had just run off with the milkman. Oh! (rising voice) Maybe Mike had a girl friend, and ran off with somebody else. And so he's still suffering from being dumped by his girlfriend. And therefore he is creating this imagery of the brightest star running off with the milkman, which would mean he I wonder whether he was the brightest star? Or maybe his girlfriend was the brightest star? And he is just playing a role of the milkman. That cannot be because the star ran away with the milkman. And Mike is sad because, his girlfriend left him. I am just sort of wandering around to make it easy. (laughing)]。

受试4：麦克很伤心，（笑）因为他天空中最亮的那颗星刚跟送奶工跑了。所以这个对我来说，显然，他是像一个隐喻，他天空中最亮的一颗星不是字面上的星星。他在谈论某个人，麦克爱的，深深关心，与之有过一段经历的某个人。送奶工，送奶工是一个有实体的人，那是一份工作，一份不再存在的工作，因为你经常只要去商店里买你自己的牛奶了。所以送奶工是另一个术语，嗯，嗯，很可能是用在此的夸张或者类比，来说麦克很伤心，（笑）因为最重要的人刚跟某个人跑了，某个在麦克生活中很普通的人。所以天空中最亮的星星可能是他妻子？或许他的女儿？我立刻想到女性，我认为天空中最亮的星星因为麦克是一个传统的男性姓名［Mike is sad, （laughing）because the brighter star in his sky has just run off with the milkman. So this to me obviously, he is like a metaphor of the brightest star in his sky isn't literally a star. He is talking about someone Mike loves, cares about deeply, has a past experience and the milkman, the milkman is a physical person that is a job, a job does not exist any more, because you usually just go to the store to buy your own milk. So the milkman is another term of eh, eh, probably hyperbole or analogy that's being used here to say that Mike is sad (laughing) because the most important person has just run off with someone, someone common into Mike's life. So the brightest star in the sky maybe his wife? Maybe his daughter? I would immediately think female I think the brightest star in the sky because Mike is traditionally a male name]。

受试6：他天空中最亮的一颗星，我想大多数人都结过婚，或者有过一段感情生活，或者在他们生命中爱过某个人。所以我可以很容易地将它与情感关系相联系。这是关于他的妻子或者女朋友的，某个他有过情感关系的人，对他来说最重要的人跟着别人跑了，或许他们要在一起？或许她有了外遇。那个字"送奶工"立刻让我想起了外遇，因为在南方我们总是听到这玩笑。有人会对小朋友开玩笑，说"你是送奶工的儿子"。送奶工或邮递员是那些经常到你家来的人，然后或许家庭主妇有可能与他们有染。所以无论如何送奶工和邮递员是一个关于外遇的常见玩笑（笑）[The brightest star in his sky I think most people get married or are in a romantic relationship before or love someone in their life. So I can easily relate it to a relationship. It's about his wife or his girlfriend, someone he is in a relationship with, that means the most to him, has run away with someone else, maybe they are going to be together? Maybe she was having an affair. The word milkman immediately makes me think of love affairs cause in the south we heard the joke all the time. Someone will joke with kids, saying "you are the milkman's son". Milkmen or postmen are the people who come to your house regularly and maybe housewives have the possibility to have love affairs with them. So anyway milkman and postman is a common joke about love affairs. (laughing)]。

在理解以上这个含隐喻的特称描述语时，受试 2 经历了比较费力的推理过程才将概念的编码内容 BRIGHTEST STAR IN HIS SKY 建构为临时性概念 BRIGHTEST STAR IN HIS SKY ∗，也就是"麦克所深爱的人"。受试 2 刚开始说的"什么?"表达了对这个特称描述语的不理解，再次阅读了句子后，他将"最亮的星星""送奶工"和"银河"联系在一起。他还使用了元话语，"这必须有个原因"，该元话语部分表明他的解读其实是受最佳关联引导的。他假设该话语具有最佳关联，所以觉得三者之间必有联系。受试 2 又想到麦克很伤心，所以"或许他负责这颗最亮的星星。或许这颗最亮的星星属于他"，然后"送奶工引诱了麦克的星星"。"但是送奶工是怎么上天空的?"提取该语境假定失败后，受试 2 感叹道"这是，这是一个奇怪的句子"。受试 2 突然想到，"哦"，他的声音变大，表明他似乎找到了更可及的假定，"或许麦克有一个女朋友，跟其他某个人跑了。然后所以他仍遭受着被他女朋友甩掉的痛苦。然后所以他创造出了这种画面，最亮的星星与送奶工跑掉了"。经过了比较费力的指称确定和概念建构，受试 2 首先将"天空中最亮的星星"与麦克联系起来，知道"这颗最亮的星星"属于麦克，然后再继续寻找"麦克天空中最亮的星星"的可能解读，最后得出"或许麦克有一个女朋友"。可见，建构一个概念需要花费更多的加工努力。由于语境中并没有提供一个具体的指称对象在眼前，受试并没有获取从物概念。此外，也不存在"麦克的女朋友"这个固定的类型概念在受试的百科知识中，所以受试没有提取类型概念。在最佳关联引导下，基于提取的语境假定，受试 2 临时性建构的概念"麦克的女朋友"，从而获取了描述概念来充实编码内容，得到相应的属性语义为"有且仅有一个麦克的女朋友"。

解读该特称描述语，受试 4 也经历了寻找语境、建构临时性概念的过程。他指出"他在谈论某个人，麦克爱的，深深关心，与之有过一段经历的某个人"。"麦克很伤心，（笑）因为最重要的人刚跟某个人跑了……""所以天空中最亮的星星可能是他妻子? 或许他的女儿?"想到"天空中最亮的星星"，受试 4 立刻想到女性，因为他从百科知识中提取的语境假定包括"麦克是一个传统的男性姓名"，受试 4 应该还有"男性爱女性""男性应该匹配女性"这样的语境假定。在最佳关联引导下，基于诸多语境假定，受试 4 将"他天空中最亮的一颗星"建构为"麦克（生命中）最重要的女性"。

受试 6 在解读该特称描述语时，也诉诸其百科知识来提取语境假定，"我想大多数人都结过婚，或者有过一段感情生活，或者在他们生命中爱过某个人。所以我可以很容易地将它与情感关系相联系。这是关于他的妻子或者女朋友的，某个他有过情感关系的人，对他来说最重要的人跟着别人跑了"。而且受试 6 很容易从"牛奶工"联想到外遇，这也是基于她个人经历所获取的语境假定，"因为在南方我们总是听到这玩笑。有人会对小朋友开玩笑，说'你是送奶工的儿子'。送奶工或邮递员是那些经常到你家来的人，然后或许家庭主妇有可能与他们有染。所以无论如何，送奶工和邮递员是一个关于外遇的常见玩笑"。受试 6 找到了"天空中最亮的星星"和"生命中最重要的人"之间的相似关系，因为大家都有类似的情感经历，会有这种联想。因此，在最佳关联引导下，基于诸多语境假定，受试 6 将"他天空中最亮的一颗星"建构为"麦克（生命中）最重要的人"。

（6 – 13）Even though you are looking forward to your first working day，the cunning fox is up to his familiar tricks. Be careful，boy！

受试 2：尽管你期待你工作的第一天，但是狡猾的狐狸擅长他熟悉的诡计。孩子，小心点！喔！（摸头思考）尽管你期待你工作的第一天，但是狡猾的狐狸擅长他熟悉的诡计。小心点。工作或者新工作的第一天总是一件令人兴奋的事。…（咬手指，思考）所以谁是这只狡猾的狐狸？或许狡猾的狐狸是某个人，他害怕你要取代他们行业里的工作，或者你将会让他们觉得他们不再被需要，或者你将涉足他们的地盘。然后所以他施展诡计，尝试搞对人们搞破坏，所以人们不能成功，他将还能是狡猾的狐狸。狐狸很阴险…但是不如熊猫可爱。熊猫可爱。是的，他可爱，我再说一遍，吃竹子［Even though you are looking forward to your first working day，the cunning fox is up to his familiar tricks. Be careful, boy! Woo! (touching head, thinking) Even though you are looking forward to your first working day, the cunning fox is up to his familiar tricks. Be careful. The first working day in the job or new job is always an exciting thing… (biting finger, thinking) So who is this cunning fox? Maybe the cunning fox is somebody who is afraid you are taking over their job in the business, or you are going to make that so that they are not needed, or you are going to be stepping on their territory. And so he pulls tricks and tries to sabotage people so that they won't be successful and he'll still be able to be the cunning fox. Foxes are snaky…but not as cute as pandas. The panda is cute. Yeah, he is cute, one more shall I say, eats bamboo]。

受试 5：狡猾的狐狸可能指的是一个老板？（升调）或者一个同事？（升调）某个你一起工作的人？（升调）他可能对你没有什么最好的意图。嗯，所以可能他们不是那些友好的人。一只狡猾的狐狸通常不是朋友。它更多是一个敌人。所以你必须警惕。那只狡猾的狐狸可能是某个跟你一起工作的人 [The cunning fox maybe, would be referring to a boss? (rising tone) Or a workmate? (rising tone) Someone you work with? (rising tone) who maybe does not have the best intentions for you. Um, so maybe they are not someone who's friendly. A cunning fox is usually not a friend. It is more of a foe. So you have to be alert. That cunning fox would be someone you work with]。

受试 6：尽管你期待你工作的第一天，但是狡猾的狐狸擅长他熟悉的诡计。孩子，小心点！尽管你期待你工作的第一天，但是狡猾的狐狸擅长他熟悉的诡计。孩子，小心点！尽管你期待你工作的第一天，但是狡猾的狐狸。（低语）我想狡猾的狐狸是白天偷偷接近你。很多事情会发生在一个工作日里。它是一个短语，不是一只真正的狐狸或一个人。而是白天发生的一些事情，你没有计划过或者你没有期待的事情，这些事情改变了你计划活动中的日程。所以你需要小心，确保事情发生变化时你注意到了 [Even though you are looking forward to your first working day, the cunning fox is up to his familiar tricks. Be careful, boy! Even though you are looking forward to your first working day, the cunning fox is up to his familiar tricks. Be careful, boy! Even though you are looking forward to your first working day, the cunning fox. (low voice) I think about the cunning fox is something that sneaks up on you during the day. Many things can happen on a working day. It is a phrase, not an actual fox or a person, but things that happen during the day that you don't plan or you weren't expecting, something that changes your schedule in your activities that you have planned. So you need to be careful, to be sure that you're aware when things are changing]。

解读以上这个含隐喻的特称描述语，受试们同样经历了临时性概念建构的过程，由于提取的语境假定不同，受试获取了不同的个体概念。受试 2 经过反复阅读话语，其摸头、咬手指的动作表明其努力思考的过程，最终他将狐狸很阴险和职场中擅长搞破坏的某个人关联起来，因为"他害怕你要取代他们行业里的工作，或者你将会让他们觉得他们不再被需要，或者你将涉足他们的地盘。然后所以他施展诡计，尝试搞对人们搞破坏，所以人们不能成功，他将还能是狡猾的狐狸"。由于从物概念并不可及，在最佳关联引导下，基于诸多语境假定，受试 2 将"狡猾的狐狸"建构为"某个职场中擅长搞破坏的人"。

受试 2 理解测试话语时摸头思考，并且在思考"谁是狡猾的狐狸"时伴随咬手指的动作，表明付出了比较费力的话语处理努力，如图 6-2 所示：

图 6-2

177

受试 5 从百科知识中提取的语境假定包括"一只狡猾的狐狸通常不是朋友。它更多是一个敌人",接着她尝试可能的解读来满足关联期待,用升调询问"狡猾的狐狸可能指的是一个老板?或者一个同事?某个你一起工作的人?他可能对你没有什么最好的意图"。最终她认为"可能是某个跟你一起工作的人"。同样,在最佳关联引导下,基于诸多语境假定,受试 5 将"狡猾的狐狸"建构为"某个跟你一起工作,对你没有好意图的人",但是该解读有不确定性,她用"可能"表明自己的不确定。

受试 6 解读该特称描述语也经历了比较费力的加工处理过程,她反复读了话语三遍,然后认为狡猾的狐狸"是一个短语,不是一只真正的狐狸或一个人"。她脑海中可及的语境假定是"狡猾的狐狸是白天偷偷接近你",狐狸与工作相联系,"很多事情会发生在一个工作日里",所以狡猾的狐狸是"白天发生的一些事情,你没有计划过或者你没有期待的事情,这些事情改变了你计划活动中的日程"。从受试 6 的解读,我们可以推出是类型概念充实了其概念的编码内容,她提取的语境假定将该特称描述语解读为类指语义,即"工作中没有计划过的一类意外事情"。

可见,对于含隐喻的特称描述语,概念编码同样也只是理解的起点,但不是理解含转喻的特称描述语的充要条件,语境在话语解读中发挥了极大作用。在松散性特称描述语的解读过程中,都经历了提取语境假定建构临时性概念的过程,所有推理过程都受到最佳关联原则引导。

接下来,我们考察一下具有相同概念编码的特称描述语在不同语境中的解读:

(6 - 14) The panda is cute.

受试 3:每当我看到单词熊猫我就想到中国。它们非常可爱。(语速变慢,一个字一个字强调)我喜欢我在南京动物园看到的小红熊猫。但是这里熊猫不是指一只特定的熊猫。它是一个物种〔I think of China whenever I see the word panda. And they are very cute. （slow and tone of emphasis） I like the small red panda I saw in the zoo here in Nanjing. But here the panda does not refer to a specific panda. It's a species］。

（6 – 15） The panda originates in China.

受试 4：所以熊猫我立刻想起大大的黑白熊。我想到竹子，我想到成都，四川，嗯，就是好玩，让人愉悦。然后熊猫源自中国。（手势）这个，熊猫，它们来自中国。（手势）它们的家在中国。（手势）是的。当我想到熊猫我觉得同义词就是中国。熊猫源自中国，很有道理［So the panda I immediately think the big, big white and black bear. I think of bamboo, I think of Chengdu, Sichuan, eh, just playful, enjoyable. And the panda all originates in China. （hand gesture） This, the panda, they come from China. （hand gesture） Their home is China. （hand gesture） It is. When I think of panda I think of synonymous with China. The panda originates in China makes sense］。

（6 – 16） The panda is cute. （展示一幅熊猫的图片，情境中有熊猫。）

受试 1：这个图片里的熊猫牙齿里含着竹子正在微笑。它看上去很满足，他抱着竹子。他十分开心。当它吃竹子的时候他就是很可爱（The panda, in this picture is smiling with bamboo in his teeth. It looks satisfied and he is holding bamboo. It's totally happy. And it's just cute when it eats bamboo）。

（6 – 17） The panda is cute. （展示两幅熊猫的图片，情境中有真实熊猫和熊猫卡通图片。）

受试 3：两张图片，一张艺术家画的熊猫跟之前的卡通图片很像。

另一张，真正熊猫的图片。两张都可爱，可能艺术家画的更加迷人些。所以熊猫，在我看来，这里指的是艺术家画的熊猫。但是我还是想亲自去看真实环境中的熊猫，或许这个寒假我们将去看熊猫（Two pictures, one artist's drawing similar to the cartoon before. In the other, the real picture of the panda. Both look cute, more adorable probably in the artist's drawing. So the panda, as I see it, here refers to the panda in the artist's drawing. But I still would like to see a panda in his real environment, perhaps this spring break we will be going down to see the panda）。

（6-18）Mary finally got her first chubby baby. The panda is cute.

受试6：我想到一个有很多，或许脂肪的宝宝？（笑）或许他们更大？他们叫作熊猫宝宝。我想那个⋯这是非常柔软的宝宝们，可爱但是柔软还更大的。这里显然熊猫是玛丽的可爱宝宝［I think about a baby with a lot of, maybe fat? (laughing) Maybe they are bigger? They are calling baby of panda. I think that…it is something that very soft, the babies, cute but soft, and larger. Here obviously the panda is Mary's cute baby］。

受试1：玛丽最终有了她第一个胖宝宝。熊猫很可爱。⋯（停顿4秒）（笑）嗯，熊猫，玛丽可能是只熊猫妈妈？嗯⋯因此有人在评价她的熊猫宝宝很可爱。或者，嗯，玛丽是一位母亲。然后，嗯，中国人，他们是一个绰号，不是一个绰号，而仅仅是为她的宝宝取的可爱模糊的名字，因为宝宝很可爱，熊猫也很可爱［Mary finally got her first chubby baby. The panda is cute. … (4') (smile) Well, the panda, Mary could be a mummy panda? Eh…as therefore somebody is commenting that her panda baby is cute or, eh, Mary is a mother. And eh, and Chinese, and they're for nickname, not a nickname but just the cute fuzzy name for her baby calling it a panda, because baby is cute, and panda is cute］。

（6-19）The panda wants to pay the bill.

受试 4：所以熊猫又来付账单了。熊猫没有钱。熊猫不会付账单为自己买东西。这很搞笑。很可能，我立刻想到可能这是一个给孩子或大人看的电视节目或卡通片。但是我认为可能卡通熊猫会说话，带着钱或钱包或者甚至手机。我觉得这可能会很搞笑，一只熊猫用支付宝或微信买东西付钱。立刻我想到了可能是一个广告或者给孩子们的电视卡通。或者，又一次这可能是某人的绰号。嗯，或许你，或许你有一个朋友，他是，这里他是特别高大，高大，有点儿慢和懒，我们称他们熊猫。所以或许这也是这句话的意思。熊猫想付账单（So the panda paying the bill again. Pandas don't have money. Pandas don't buy things for them to pay the bill. It's funny. Probably this might, I immediately think maybe this is a television show or cartoon for children or adults. But I think maybe the panda being a cartoon that has a voice, has carried money or wallet or even a phone. I think it may be funny for a panda to have Alipay or WeChat to pay, to pay for things. Immediately I thought of a commercial maybe or a television cartoon for children. Or again this could be someone's nickname. Uh maybe you, maybe you have a friend he is, here he is rather large and large, kind of slow and lazy we call them panda. So maybe that's what the sentence means as well. The panda wants to pay the bill）。

　　以上几句话中，同一特称描述语 the panda 出现在不同语境，具有不同用法。对于孤立的句子（6-14）中的 the panda，受试 3 联想到个人经历中亲眼看到过的熊猫，与之产生关联。但是很快否定掉了这一假定，认为这一从物概念并不可及。在这孤立话语中，受试 3 指出这里的熊猫其实是一群熊猫，"它们非常可爱"，"这里熊猫不是指一只特定的熊猫。它是一个物种"。从她的解读结果可以推出，最终是类型概念充实了编码的概念内容，最后得出类指解读"熊猫类型"这一语义。

　　在解读句（6-15）中的特称描述语时，受试 4 诉诸他的百科知识，熊猫让他想到"大大的黑白熊""竹子""成都""四川"等"好玩"的，"让人愉悦"的东西。因此熊猫这个类型也是听话人百科知识中本就有的一个固定类型，很容易提取出来，所以他指出"熊猫，它们来自中国。它们的家在中国"。"它们"表明这里的熊猫是一群熊猫，熊猫类。从他的解读可以推出，他用类型概念充实了编码的概念内容。解读完成后，他认为这句话"很有道理"，该元话语表明类指解读满足了其关联期待。

受试1在解读句（6-16）中的特称描述语时，情境中有一幅熊猫的图片。通过观看图片，受试1获取了一个从物概念。于是受试1立刻将概念编码 panda 与最可及的语境假定，即她正面对的那只熊猫图片关联起来了。由于有直接的指称对象在听话人的脑海中，听话人立刻获取了这个默认的从物概念来充实该编码内容，得出指称语义是"这个图片里的熊猫"。

当受试3解读句（6-17）中的特称描述语时，情境中有两只熊猫，通过观看两个图片，受试3获取了两个从物概念。这时，受试3并没有用类型概念来充实编码内容，而是本能地在两张图片中进行了对比选择，也就是说，听话人倾向于首选从物概念，用语言编码 the panda 去识别一个具体的指称对象。由于从物概念有两个，该唯一指称对象的识别还需进一步推理。受试3说"两张都可爱，可能艺术家画的更加迷人些"，经过观察和推理，受试3认为特称描述语 the panda 指的是"艺术家画的熊猫"。

当解读句（6-18）中的特称描述语时，有前述话语给听话人更多的语境假定。为满足关联期待，受试6找到了有脂肪的、可爱柔软更大的人类宝宝与熊猫的体态之间的相似性，熊猫的编码的概念内容建构为"像熊猫一样可爱的宝宝"，由于玛丽的宝宝是语境中最可及的，所以这里熊猫指"玛丽的宝宝"。受试1在解读该特称描述语时经历了比较费力的推理过程，读完后她有了较长时间的停顿，然后推理说"熊猫，玛丽可能是只熊猫妈妈？"这是"有人在评价她的熊猫宝宝很可爱"。受试1首先将熊猫与宝宝建立了直接的前指关系，并没有放宽熊猫的编码的概念内容。但是随着进一步推理，受试1从百科知识中提取更多语境假定，认为玛丽是一位人类母亲，而且是一个中国人。她找到了熊猫可爱和中国宝宝可爱之间的相似性，认为"熊猫"是玛丽给自己孩子取的小名。在随后访谈中，受试1告诉研究者，在英美环境中，母亲一般不会把孩子称作熊猫，而是称为泰迪熊之类。受试1现在生活在中国，由于存在文化差异，她觉得在中国环境中，母亲可能会把孩子称为熊猫。可见，在解读过程中，为了满足关联期待，受试1还付出努力从百科知识中提取了中西文化差异的语境假定。在最佳关联原则引导下，受试1提取了很多语境假定，得出了两种可能的解读。由于概念编码和语境信息的不足，受试1只是提供了可能的解读，无法确定真正的命题。

在解读句（6-19）中的特称描述语时，为了满足关联期待，受试4也付出了比较费力的处理加工努力。他提取的语境假定有"熊猫没有钱。熊猫不会付账单为自己买东西"，于是为了关联熊猫与付账单，他努力从百科知识中提取更多语境假定来进行语用充实，他说"我立刻想到可能这是一个给孩子或大人看的电视节目或卡通片"，这是一只卡通熊猫。但是经过进一步推理，他认为"这可能是某人的绰号"，因为"高大，有点儿慢和懒"的人与熊猫的特性有共同之处，"我们称他们熊猫"。同样，在最佳关联原则引导下，受试4提取了很多语境假定，得出了两种可能的解读。一个是"某个卡通熊猫"，另一个是"某个有熊猫绰号的人"。受试4在解读过程中用了6个"可能"，表明他非常不确定该特称描述语的语义。同样，由于概念编码和语境信息的不足，受试4只是提供了可能的解读，无法确定真正的命题。

在探讨了如何理解含转喻和含隐喻的特称描述语，以及如何理解同一特称描述语出现在不同语境中作不同用法后，接下来我们将探讨错误类特称描述语的理解。

（6-20）Woman：The man over there drinking martini is enjoying himself.

Man：He is indeed enjoying himself. But this is an alcohol free party.

受试1：所以，嗯…这女人，嗯…很可能在酒吧里说，嗯，大声说那边那个男人在喝马提尼。假设他正在喝马提尼。她是假设的，因为他们在一个酒吧里。很可能他杯里不是马提尼酒（So，eh…the woman， eh…probably in the bar says, eh, out aloud the man over there drinking the martini. Assuming that he is drinking martini. She is assuming, because they are in the bar. Probably it's not martini in his glass)。

受试2：女人：那边喝马提尼的男人真的很开心。那边的男人，女人，那边的男人（声音变高）喝一杯马提尼？喝马提尼，那个马提尼？一杯马提尼？那边喝马提尼的男人表明只有一个人。他很开心。天啊！他确实很开心。但是这是一个无酒精派对。那边喝马提尼的男人，喝马提尼。嗯，他要不是违反了规则，或者这是一杯不含酒精的马提尼。那里面没有酒精，嗯，如果这是一个无酒精派对，他从哪儿…得到的一杯含酒精的马提尼？他自己带来的？酒保塞给他的马提尼？嗯…至少他高兴，很开心。他是不是到了令人作呕的程度？天啊，他确实很开心。但是这是一个无酒精派对。我不知道他杯里是什么。反正，他端了一个马提尼酒杯〔Woman：The man over there drinking martini is enjoying himself. The man over, the woman, the man over there（rising voice）drinking a martini? Drinking martini, the martini? A martini? The man over there drinking martini means only one. He's enjoying himself. Man! He is indeed enjoying himself. But this is an alcohol free party. The man over there drinking the martini; drinking martini. Well, he is either breaking the rules, or it's a virgin martini. And there is really no alcohol in it, eh, if it's an alcohol free party, then where would he get…an alcoholic martini from? Would he bring it himself? Did the bartender just slip in the martini? Eh.. at least he's happy and enjoying himself. Is he getting to the point of being obnoxious? Man, he is indeed enjoying himself. But this is an alcohol free party. I don't know what's in his glass. Anyway, he's holding a martini glass〕。

句（6-20）是一个对话，女方用"那边喝马提尼的男人"来指称一个男性，受试根据对话，特别是男方的回答来解读该特称描述语的真正语义。受试1提取的语境假定是这"很可能在酒吧里说"，"因为他们在一个酒吧里"，酒吧与喝酒会关联在一起。受试1还能从百科知识里提取"马提尼是酒精饮品"的假定。所以当男方回答"这是一个无酒精派对"时，为了满足关联期待，受试1认为这是女方"假设他正在喝马提尼。她是假设的"，最后得出结论"很可能他杯里不是马提尼酒"。在随后的访谈中，受试1进一步解释了为何这样理解。受试1本人出席各种宴请时也经常用白水代替饮料和酒精，所以她的个人经历让她很快理解了这种场景。她同时指出装马提尼酒的杯子是独特的倒锥形，所以看到拿这个杯子的人会假设端杯者喝的是马提尼酒。可见，在理解这个错误类特称描述语时，在最佳关联引导下，除了从对话提供的语篇语境中提取语境假定，受试还从百科知识中提取了"马提尼酒杯形状""酒杯可以装其他饮料"等语境假定。受试能意识到该特称描述语描述得不准确，但通过语用充实该编码的概念内容后，仍能得出其解读是"有且仅有一个那边端着马提尼酒杯但没有喝马提尼酒的男人"。

受试2在解读该特称描述语时经历了比较费力的推理过程。他首先意识到"那边喝马提尼的男人表明只有一个人"，但是概念编码与现实情况有所矛盾，导致找不到唯一一个个体能满足该描述。他重复"马提尼"五六遍，表明意识到"喝马提尼"与"无酒精派对"之间的矛盾之处，可以推测他从百科知识中提取的语境假定包含"马提尼是一种酒精"，"无酒精派对不该有含酒精的饮品"。为了满足关联期待，受试2进一步推测"喝马提尼"与"无酒精派对"之间的关联，"他要不是违反了规则，或者这是一杯不含酒精的马提尼。""嗯，如果这是一个无酒精派对，他从哪儿……得到的一杯含酒精的马提尼？他自己带来的？酒保塞给他的马提尼？"在最佳关联引导下，经过语用推理，受试2将该特称描述语解读为"有且仅有一个那边端了一个马提尼酒杯的男人"。

可见，在错误类特称描述语的解读中，概念编码虽是解读的起点，但是会误导听话人。为满足关联期待，听话人只有从百科知识、语篇及情境中提取更多的假定，才能解读出相关语义。如果语境假定提取恰当，听话人仍能顺利完成解读，得到完整的命题形式。

在访谈中，当被逐个问及不同话语中定冠词意思时，受试将某些

the 理解为表达类型概念，某些 the 用于限定唯一一个，某些 the 等同于指示代词 that。在受试看来，the 总体表明说话人意图特指的一个或一类个体（specific one or ones in speaker's intention）。受试对 the 的看法也部分说明，the 所编码的程序在制约引导听话人去进行语用推理。从以上有声思维实验可以看出，听话人在解读含隐喻、转喻以及错误类特称描述语时，都经历了临时性概念建构的加工过程。在最佳关联引导下，基于语篇、情境以及百科知识提供的语境假定，听话人对编码概念进行了放宽等语用充实，从而致使听话人选择不同的个体概念来充实编码内容，获取不同的解读。当指称对象在听话人百科知识中时，听话人优先选择从物概念，获取了该特称描述语的指称语义。当指称对象不可及时，听话人通常选择描述概念，获取了该特称描述语的属性语义。当指称对象是类型时，而该成熟的固定类型在听话人百科知识里时，听话人会选择类型概念，获取该特称描述语的类指语义。当概念编码和语境信息不足时，听话人无法确定具体语义。

6.5.4　特称描述语的默认解读和非默认解读

在分析了特称描述语概念编码和语境在理解中的作用，并探讨了不同特称描述语的理解过程后，最后我们来研究特称描述语的理解是否存在默认解读。在之前的理论分析和实验讨论中，我们已发现受试对于从物概念有着默认优先提取的倾向。比如在理解句（6－1）和句（6－2）这两句话中的特称描述语时，"北京"早就储备在听话人的百科知识中，该从物概念可及，编码的概念内容 CAPITAL OF CHINA（中国的首都）能唯一识别从物概念的指称物"北京"。于是听话人在读完该话语后，在最佳关联引导下，基于语境假定，用从物概念充实该编码的概念内容，得出"北京"这一优先的默认指称解读。而对于"苏州博物馆的建筑师"，听话人脑海中没有一个具体指称物，从物概念不可及。于是听话人转而去通过组合个体心理词库中的概念来获取编码的概念内容，听话人分别解释了"博物馆""苏州"和"建筑师"的概念意义。在最佳关联引导下，经过相对费力的推理，听话人用描述概念充实该编码的概念内容，得出"有且仅有一个苏州博物馆建筑师"的属性语义。

在解读 the president 时，也有受试倾向于优先将该不完整特称描述语与他脑海中的特朗普总统关联起来。在解读 the shooter 时，编码的概念内容 SHOOTER 首先激活的是受试个人经历中亲眼见过的那个射手或者读过的新闻报道中的枪手，受试有选择这个优先默认的从物概念的倾向。当解读 president of the USA 时，由于从物概念 TRUMP 在脑海中，编码的概念内容 PRESIDENT OF THE USA 迅速唯一识别出了从物概念的指称物，受试毫不费力地解读出特朗普这一指称语义。接下来，继续用两句话语的有声思维实验为例。

（6-21）Susan wants to marry the tallest basketball player in China.

受试 3：中国有很多高的篮球运动员。谁是苏珊？苏珊是她的中国名字？我指她的英文名字，不是中文。我这里糊涂了，或者苏珊，一个西方人想要嫁给高篮球，在中国意思是最高的篮球运动员？（皱眉）或者仅是中国最高的篮球运动员，那可能是一个为中国打球的美国黑人或者可能是其他人。我不知道。没有足够的信息来得出结论［There are many tall basketball players in China. Who is Susan? Is Susan her Chinese name? I mean her English name, not Chinese. I was confused there, or Susan, an western person who wants to marry the tall basketball, in China meaning the tallest basketball player?（frowning）Or just tallest player in China, that could be a black American who was playing for China or could be somebody else. I don't know. Not enough information here to make any conclusion］。

受试 4：中国最高的篮球运动员，立刻我想到姚明，嗯，我爱篮球。我喜欢看篮球，有很多非常，非常好的中国篮球运动员，林书豪。嗯。但是我认为姚明是目前最受欢迎，最有名的中国篮球运动员。他还非常，非常高。（笑）所以苏珊想到嫁，我忍不住想到苏珊想要嫁给姚明。（笑）我不知道苏珊，我也不知道谁现在是中国最高的篮球运动员了。但是我立刻认为她想嫁给姚明（笑）［Tallest basketball player in China，immediately I think Yao Ming，eh，I love basketball. I love watching basketball and there being many very，very，good Chinese basketball players，Jeremy Lin. Eh. But I think Yao Ming is by far the most popular，the most pronounced Chinese basketball player. And he's very，very tall. (laughing) And so Susan wants to marry，I can't help but think that Susan wants to marry Yao Ming. (laughing) I don't know Susan and I don't even know who the tallest basketball player in China is anymore. But I immediately think she wants to marry Yao Ming (laughing)］。

在解读 the tallest basketball player in China 这一完整性特称描述语时，受试 4 是篮球爱好者，"姚明"这一从物概念本来就在他脑海中，所以他从百科知识中提取了语境假定，很容易将编码的概念内容TALLEST BASKETBALL PLAYER IN CHINA 用以唯一识别概念的指称物"姚明"。在最佳关联引导下，基于这些语境假定，优先默认的从物概念充实了该编码的概念内容，受试 4 解读出"姚明"这一指称语义。但事实上，面对这一完整性特称描述语，受试 4 同样可以用编码的概念内容组成一个描述概念，因为存在一个个体能满足该概念的内容。但是受试 4 没有作属性解读。也就是说，当描述概念和从物概念都可及时，听话人优先选择从物概念，得到指称解读。

受试 3 对中国篮球运动员不熟悉，无法获取相应的指称对象，于是受试 3 进行了比较费力的推理努力，"谁是苏珊？苏珊是她的中国名字？我指她的英文名字，不是中文。我这里糊涂了，或者苏珊，一个西方人想要嫁给高篮球，在中国意思是最高的篮球运动员？或者仅是中国最高的篮球运动员，那可能是一个为中国打球的美国黑人或者可能是其他人"。对于"中国最高的篮球运动员"，受试 3 "这里糊涂了"，她通过组合个体心理词库中的概念来获取相应的整体概念，她不清楚是身为中国人的最高篮球运动员，还是在中国打球的最高篮球运动员。最后她指出"我不知道。没有足够的信息来得出结论"，该解读没有成功。

受试 3 试图组合个体心理词库中的各种概念来获取相应的整体概念，但付出了较大的加工努力。本来平静的面部出现了皱眉的动作，表明在费力思考，如图 6 - 3 所示：

图 6 - 3

（6 - 22）Mary believes that the author of *Wuthering Heights* is talented.

受试 3：是的。我喜欢《呼啸山庄》这本书，但是没有我喜欢《傲慢与偏见》那么多。我排简·奥斯汀在艾米莉·勃朗特之前。我更喜欢纳撒尼尔·霍桑的《红字》。所以这是高中要求的经典读物（Yes, I enjoy the book *Wuthering Heights*, but not as well as I did *Pride and Preju- dice*. I will take Jane Austin over that Emily Bronte. I'd like *Scarlet Letter* even better by Nathaniel Hawthorne. So these are the traditional classic books required reading in high school）。

受试 4：没有读过《呼啸山庄》。嗯…我不知道谁是作者。我不知道这是关于什么的。《呼啸山庄》，我能猜测。或许是一部推理小说。还可能是一个戏剧。或许是个爱情故事。《呼啸山庄》，我认为名字听起来像个城市或者一个镇子或者村庄，或许在欧洲？（摸头，思考）嗯…我将想象欧洲，或许英格兰或苏格兰（抚摸下巴，思考），嗯…还有他，或许他，或许他写得，他或她，不，不，他或她写这本书写得很好。那是玛丽相信的［Never read *Wuthering Heights*. Um…I don't know who the author is. I don't know what it is about. *Wuthering Heights*，I can speculate. Maybe it's a mystery. And maybe it's a drama. Maybe it's a love story. *Wuthering Heights*，I think the name sounds like a city or a town or village，maybe in Europe？（touching head，thinking）Um…I would imagine Europe，maybe England or Scotland，（rubbing chin，thinking）eh…and he，maybe he，maybe he's done，he or she，no，no，he or she's done a good job，writing this book. That's what Mary believes］。

在解读《呼啸山庄》的作者时，受试 3 很快得出其指称语义"艾米莉·勃朗特"，因为"这是高中要求的经典读物"，该书作者的名字早就在受试 3 的百科知识中，也就是说该从物概念对她可及。因此，AUTHOR OF WUTHERING HEIGHTS 可以唯一识别该从物概念的指称物。在最佳关联引导下，基于语境假定，优先默认的从物概念充实了该编码的概念内容，受试 3 解读出"艾米莉·勃朗特"这一指称语义。同样，面对这一完整性特称描述语，受试 3 也可以用编码的概念内容组成一个描述概念，因为存在一个个体能满足该概念的内容。但是受试 3 没有获取此描述概念做属性解读。如前所述，当描述概念和从物概念都可及时，听话人优先选择从物概念，得到指称解读。

而该指称对象没有储存在受试 4 的百科知识里，受试 4 直言"没有读过《呼啸山庄》。嗯…我不知道谁是作者。我不知道这是关于什么的"。为了满足关联期待，他开始猜测书的主题，并试图组合个体心理词库中的概念来获取整体概念，他分析《呼啸山庄》"名字听起来像个城市或者一个镇子或者村庄，或许在欧洲？嗯…我将想象欧洲，或许英格兰或苏格兰"，摸头和抚摸下巴的肢体动作以及停顿表明受试 4 在努力思考，对话语进行比较费力的加工处理。如图 6-4 所示：

图 6 - 4

接着他又单独解读"作者"的概念意义，作者意味着可能是一个男性或女性写这本书，写得很好。受试 4 分别理解了《呼啸山庄》和作者的概念意义，然后获取了"《呼啸山庄》的作者"这一整体概念。比起受试 3 的解读来说，受试 4 的解读相对费力耗时。在最佳关联引导下，基于语境假定，描述概念充实了该编码的概念内容，受试 4 解读出"有且仅有一位写出《呼啸山庄》的作者"这一属性语义。

可见，在解读话语时，当概念相关的指称对象可及时，听话人通常选择这一默认优先的从物概念①，得出默认指称解读。当概念相关的指称对象不可及时，听话人转而利用编码的概念内容去组合一个描述概念。这一发现印证了 Puglisi（2014）区分的概念加工努力等级："组合一个描述概念的加工努力与两方面有关：（a）概念成分的数量；（b）成分的可及性。"受试 4 在组合概念时，像《呼啸山庄》这样的成分就不可及，导致他花费很多努力去推理它。相比而言，从物概念是直接检索听话人的百科知识获取的概念，所以比组合个体心理词库中的单个概念来获取整体概念更加容易、省力。以上实验也证明了这点。

①　我们发现从物概念和描述概念均可及时，听话人通常选择从物概念充实概念的编码内容。Powell（2001）也认可这一现象，称之为标准案例（this will standardly be the case），但他同时指出，也会出现一些特殊情景，听话人会特意选择描述概念而非从物概念，但在这种情况下处理话语需要付出更多的努力。在此，我们不再涉及这些特殊案例。

6.6 特称描述语：解读机制

通过有声思维和访谈，本研究发现了概念编码和语境均对解读成功产生了作用，不同特称描述语的解读过程有同有异，以及存在默认指称语义。

那么特称描述语的具体解读过程究竟是什么样的？根据以上实验我们有如下发现：

（1）整个话语解读过程都受最佳关联原则引导，听话人总是设想每一个话语或明示的交际行为本身具有最佳关联，而尝试挑选出与话语最关联的语境假定。受试的元话语如"为了让这个说得通""这必须有个原因"等部分说明受试在设想话语刺激本身具有最佳关联，于是尝试提取可及的语境假定进行推理获取解读。

（2）从话语刺激到完整命题的获取通常经历了一个语用充实的过程。从实验可以看出，受试大多付出了或轻松或费力的语用推理努力，才得到该特称描述语的完整语义，从而获取完整命题形式。

（3）在语用充实过程中，语境、程序编码和概念编码共同作用。概念编码是解读的起点，实验发现在解读话语中受试一般都会提及概念编码，根据其线索进行推理，但是概念编码所起的作用还是相对有限。当完整性特称描述语作属性用法时，编码的概念内容是构成其描述概念必不可少的成分，是解读成功的必要不充分条件。从 the architect of Suzhou Museum 的解读过程可以发现，所有受试都能依赖概念编码获取了相应的属性解读。当把 the panda 这样的不完整特称描述语解读为类指语义时，概念编码是解读成功的必要不充分条件。当把不完整特称描述语 the flight 解读为属性语义时，概念编码同样是解读成功的必要不充分条件。但是对于其他特称描述语，单凭概念编码无法得出解读，因此概念编码是解读特称描述语的非充要条件。同一语境条件下，受试能从不同的概念编码解读出同一语义也一定程度上说明了概念编码的作用有限。实验中，受试都从语篇、情境和百科知识中提取可及的语境假定进行语用推理，以得出满足关联期待的解读。定冠词 the 编码了程序意义，该程序制约会限制特称描述语的解读范围，解读范围缩小为从物概念、描述概念和类型概念。但是到底特称描述语会与哪个概念联系起来，得出哪个解读，这都取决于语境。基于寻找或建构的语境，听话人还会对不同的编码的概念内容进行放宽或缩小的临时性概念建构。

（4）存在优先的默认解读。实验发现，当听话人的百科知识中储备有从物概念时，在最佳关联引导下，听话人会凭借编码的概念内容或建构的临时性编码唯一识别该从物概念的指称对象，从而会优先选择从物概念充实编码内容，得出相应的指称解读。实验发现，在解读完整性特称描述语时，当从物概念和描述概念都可及时，受试都选择从物概念充实编码内容，得出指称解读。因此，指称解读是相对迅捷的、优先的、默认的解读。

（5）存在相对费力的非默认解读过程。实验发现，当从物概念不可及时，听话人通常选择描述概念，获取了该特称描述语的属性语义。当指称对象是类型时，而该成熟的固定类型在听话人百科知识里时，听话人会选择类型概念，获取该特称描述语的类指语义。此外，听话人在解读含隐喻、转喻以及错误类特称描述语时，都经历了从语篇、情境和百科知识中提取语境假定，建构临时性概念的加工过程，而临时性概念建构需要付出相对较大的处理努力，相应获取的是非默认解读。

（6）存在解读不成功的情况。Russell 派认为所有的特称描述语都可解读为属性语义，但是在实验中，由于概念编码和语境有限，有的受试无法确定特称描述语的具体语义，只能提供可能的解读，有的则干脆说"没有结论"。也就是说，他们的关联期待没有得到满足。这些实验数据表明，受试在理解特称描述语时并没有机械地将其解读为"有且仅有一个 F"，也不是从"有且仅有一个 F"出发去做语用推理。而是主要基于概念编码和语境去获取个体概念，从而得到相应解读的。

如第 3 章理论框架部分所述，特称描述语既包括定冠词 the 又包括名词短语，the F 引导听话人获取一个个体概念，个体概念又可细分为从物概念、描述概念和类型概念。这三种概念是如何被个体在某一特定时刻获取的呢？Puglisi（2014）认为通常有两种方法。第一，该概念可能已储存在个体记忆中或者说该概念被包括在个体的心理词库中，能被个体检索到。也就是概念的可检索性（retrievability）；但是有的概念并不属于个体心理词库，所以第二种情况是，该概念可以被即时建构或获取出来，也就是概念的可推导性（derivability）。个体获取概念又可以细分为四种途径：①通过组合个体心理词库中的概念来获取概念；②通过缩小、放宽或修正心理词库中的某个概念来获取概念；③基于在某一时刻个体与物理环境的互动来获取概念；④通过以上三种途径来获取概念。那么，这些概念获取的途径有无层级之分呢？

根据Puglisi（2014）的分析，获取概念的加工努力与概念的可及性直接相关，也就是说概念越可及，需要的加工努力就越小。根据以上对于概念可检索性和可推导性的分类，Puglisi（2014）进一步区分概念的加工努力等级：

（1）如果一个概念可检索到，该概念的加工努力与其在语境中的可及性直接相关；

（2）比起建构一个概念来，检索一个复杂概念的加工努力更少；

（3）组合一个描述概念的加工努力与两方面有关：①概念成分的数量；②成分的可及性；

（4）其他情况相同时，比起仅通过组合建构一个概念，通过组合和概念缩小或放宽共同建构一个概念需要花费更多的加工努力；

（5）除非类型是成熟的，否则的话，比起检索或建构一个描述概念来，检索或建构一个类型概念需要花费更多的加工努力。

从以上有声思维实验，我们也发现听话人在加工努力方面存在上述的等级差异，特别是获取从物概念的默认迅捷性远远大于其他概念。当从物概念和描述概念同时可及时，听话人总是优先选择从物概念来充实编码的概念内容。因此，基于来自实验的证据，本研究将特称描述语理解的模式细化为图6-5：

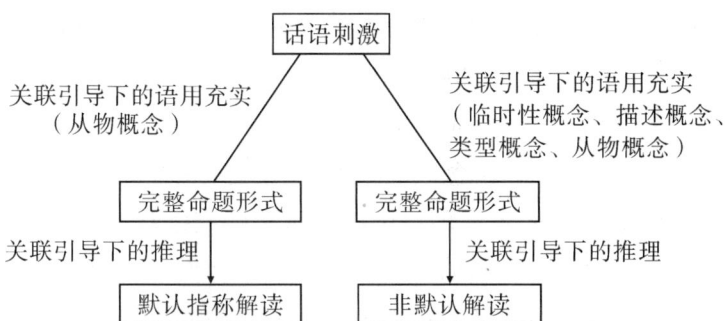

图 6-5　关联引导下涵盖默认语义的特称描述语解读模式

由图 6-5 可以看出，特称描述语的理解会分两条路径，一条是默认的，一条是非默认的，语境决定听话人选择哪一条路径。但两条路径都受制于关联原则。特称描述语的定冠词 the 编码了程序制约，引导听话人获取一个个体概念，而个体概念包括从物概念、描述概念和类型概念。当听话人接收到话语刺激时，如果概念指称物本来就在听话人的百科知识中，听话人就会用从物概念来充实编码内容。听话人通过因果关系获取了从物概念，当面对完整性特称描述语时，只要通过编码的概念内容就能唯一识别概念的指称物，解读出相应的指称语义。实验表明，该解读是相对迅捷、优先默认的。这一发现也与陈新仁（2015）所提到观点一致，即"充实部分的语义内容往往不是交际者个体主观选择的结果，反映了固化在语言使用者概念系统中的语言知识，带有不同程度的规约性和默认性，而越是规约化的充实越是如此"。

当听话人接收到话语刺激时，如果概念指称物不在听话人的百科知识中，对于严谨性特称描述语，听话人可能需要组合一个描述概念，或是利用语境假定建构临时性概念从而得到一个描述概念，而组合一个描述概念的加工努力与概念成分的数量和成分的可及性两方面相关，通常来说组合一个描述概念需要相对较大的加工努力。此外，相比检索一个概念，建构一个描述概念也需要相对较大的加工努力。对于松散性特称描述语，听话人在解读含隐喻、转喻的特称描述语时，都经历了临时性概念建构的加工过程。在最佳关联引导下，基于语篇、情境以及百科知识提供的语境假定，听话人对编码的概念内容进行了放宽等语用充实，语境假定不同也致使听话人选择不同的个体概念来充实编码内容，从而获取不同的解读。同样，对于错误类特称描述语，听话人也进行了临时性概念建构的加工，从而获取非默认解读。此外，话语解读也有获取从物概念得到非默认指称解读的情况。在解读松散性特称描述语时，听话人还需对编码的概念内容进行调整，基于可及的语境假定，建构出临时性概念来唯一识别指称物。

值得指出的是，听话人凭借高可及的语境假定进行推理得到显义。如果推理获得的认知效果足够，交际就获得成功。如果认知效果不够，听话人就需要重新回到逻辑式，进一步充实，一步步推理直到满足充足的认知效果。实验中发现听话人有时会优先选择可及的语境假定和从物概念充实编码内容，但是觉得认知效果不够时，重新回到逻辑式，进一步充实，一步步推理直到获取充足的认知效果，得到非默认解读。

6.7 本章小结

基于有声思维实验和辅助访谈的证据，本章对特称描述语的理解有如下发现：

（1）概念编码是理解特称描述语的起点，但是其作用相对有限。在完整性特称描述语作属性用法时，受试均可通过编码的概念内容得到相应的描述概念，从而获取属性语义。因此，概念编码是解读特称描述语属性语义的必要不充分条件。当不完整特称描述语作属性和类指解读时，概念编码同样是解读成功的必要不充分条件。但对于其他特称描述语，单凭概念编码无法得出解读，因此概念编码是解读特称描述语的非充要条件。受试的解读基本证明了这一理论假设。

（2）由语篇语境、情境和百科知识内化而来的认知语境对于决定特称描述语的解读起着很关键的作用，而要发挥重要的关键作用，关联假定的引导必不可少。定冠词 the 编码了程序意义，该程序制约会限制特称描述语的解读范围，解读范围缩小为从物概念、描述概念和类型概念。但是到底特称描述语会与哪个概念联系起来，得出哪个解读，这都取决于语境。基于提取的语境假定，听话人会对不同的编码的概念内容进行放宽或缩小的临时性概念建构，从而确定解读。从实验可以看出，听话人大多付出或轻松或费力的语用推理努力，才得到该特称描述语的完整语义，从而获取完整命题形式。受试的元话语部分证明了关联假定的存在。由于概念编码和语境不足，受试解读话语不成功的现象也进一步说明，特称描述语的理解不是孤立依靠定冠词 the，而是很大程度上受制于语境和概念编码这两个影响因素。

（3）存在优先的默认解读。实验发现，当概念的指称物与编码的概念内容之间有直接因果联系，也就是说，听话人的百科知识中储备有该概念指称物时，在最佳关联引导下，听话人会优先选择从物概念充实编码内容，得出相应的指称解读。实验表明，该解读是相对迅捷的、优先的、默认的解读。不同特称描述语的理解过程有同有异。总体来说，特称描述语的理解分两条路径，一条是默认的，一条是非默认的，语境决定听话人选择哪一条路径。但两条路径都受制于关联原则。当听话人接收到话语刺激时，如果概念指称物可及，听话人就会用从物概念来充实编码内容，获取默认指称解读。更多情况下，基于语篇、情境以及百科知识提供的语境假定，听话人需要组合一个概念或是利用语境假定临时建构一个概念，并选择不同的个体概念来充实编码内容，获取不同的非默认解读。

（4）有声思维汇报中频繁出现语言与非语言信息交杂的现象以及一些特殊的手部、头部和面部动作，这些大多与松散性、错误类特称描述语的解读相关，说明不同的特称描述语理解存在难度差异。

第 7 章

结 论

本章将回顾和总结全部研究内容，呈现本书的主要发现、主要启示，并指出本书的不足之处以及未来研究的发展方向。具体来说，7.1节为本研究的总结及主要发现，7.2节为本研究的主要启示，7.3节为本研究的不足，7.4节为对后续研究的展望。

7.1　本研究的总结及主要发现

自西方哲学发生"语言转向"以来，特称描述语这一研究对象就一直是学界关注的焦点，是国外语言哲学争论中"讨论热烈""丰富高产"的话题（Neale，2005）。很多哲学家和语言学家从存在性（如 Schoubye，2011）、唯一性（如 Kempson，1975；Heim，1982；Kamp&Reyle，1993；Zvolensky，1997；Breheny，1999；Szabó，2000）、极大性（Sharvy，1980）以及其他真值条件上质疑 Russell 的逻辑分析。但是无论是在西方还是在中国，特称描述语这一过去主要是逻辑学家、哲学家感兴趣的问题如今已成为语言学家感兴趣的语义、语用问题。研究者也越来越关注到语用学理论在特称描述语研究中所起的作用。

文献概述显示，特称描述语研究的趋势是：①在语义层面上，Russell 派所坚持的形式化语义分析受到了 Strawson 派和 Donnellan 派的挑战，其争论焦点是特称描述语的语义内容由什么决定。特称描述语的意义研究从纯语义层面转向语义—语用结合（Sullivan，2012）。②在语境层面上，探究认知语境对特称描述语的意义识解是一大趋势。③在理解机制方面，日渐兴起的语境论者提出的理解机制对 Russell 派提出了挑战。④从方法论上看，尽管理论思辨法仍是主流，但是学者们尤其是语境论者已开始试图用实证研究验证各种抽象的理解模式。

鉴于我们仍需回答特称描述语的理解多大程度上依赖概念编码和语境，需要揭示其不同特称描述语的理解机制，而国内外研究较少探讨特称描述语的理解机制，我们仍需回答特称描述语的理解过程中概念编码和语境发挥什么作用以及如何发挥作用，默认和非默认解读是如何形成的，以便从不同角度揭示语言和世界的关系并探讨语词意义问题，同时明晰语义—语用界面研究的一大起源和发展。

在语义学与语用学分界新方案的指导下，本书回顾和评析了后格赖斯主义学派的两大理论——关联论和默认语义论，通过探讨两大理论的共性和差异，尝试融合这两个理论，建构了关联统领下涵盖默认语义的话语解读模式，并以此探究了特称描述语理解的语用认知机制。具体考察了特称描述语解读方面的四个问题：概念编码在特称描述语理解中的作用和参与方式，语境在特称描述语理解中的作用和参与方式，不同类型特称描述语的理解过程，以及是否存在默认解读。本研究采用有声思维和访谈的实验方式验证了针对特称描述语解读模式的理论假设和关于概念编码和语境作用的理论分析。主要发现如下：

（1）概念编码通常是处理特称描述语的起点，但不是其完成解读的充分条件，甚至在特定语境下不是其完成解读的必要条件，而不同类型的特称描述语由于其编码的概念内容的质量不同，自身携带的语境信息程度不一，导致听话人付出不同的加工代价，在理解过程中呈现不同的作用和参与方式。有声思维实验和访谈总体来说证实了理论分析部分对概念编码作用的判断。当完整性特称描述语用作属性用法以及不完整特称描述语用作属性用法和类指用法时，概念编码是获取相应语义的必要不充分条件。其他类型的特称描述语用作指称、属性及类指用法时，概念编码对于话语解读的作用有限，不是获取其语义的充要条件。具体来说，对完整性特称描述语而言，概念编码是其属性语义的必不可少的组成部分，是获取属性语义的必要不充分条件。完整性特称描述语用作指称特定个体时，该编码的概念内容不是其获取指称语义的充要条件。编码的概念内容通常不能激活相应的类指解读。当不完整特称描述语用作属性和类型用法时，概念编码是获取相应语义的必要不充分条件。当不完整特称描述语用作指称用法时，编码的概念内容对于话语解读的作用有限，既不是获取其指称语义的充要条件，更不能决定命题的真假。在理解松散性特称描述语时，无论特称描述语用作哪种用法，单凭相应的概念编码都不能成功理解含隐喻的特称描述语和含转喻的特称描述语，概念编码是其解读成功的非充要条件。此外，在理解习语中的特称描述语，特别是该描述语有双关意义时，编码的概念内容更需要进行挑选并解歧，其对应的特称描述语更是无法在孤立语境中解读成功。最后，在理解错误类特称描述语时，概念编码的作用也比较有限，甚至会误导理解。

（2）由语篇语境、情境和百科知识内化而来的认知语境对于决定特称描述语的解读起着很关键的作用，而要发挥重要的关键作用，关联假定的引导必不可少。定冠词 the 编码了程序意义，该程序制约会限制特称描述语的解读范围，解读范围缩小为从物概念、描述概念和类型概念。但是到底特称描述语会与哪个概念联系起来，得出哪个解读，这都取决于语境。有声思维实验和访谈发现，基于提取的语境假定，听话人通常会对不同的编码概念意义进行放宽或缩小的临时性概念建构，从而确定解读。从实验可以看出，听话人大多付出或轻松或费力的语用推理努力，才得到该特称描述语的完整语义，从而获取完整命题形式。受试的元话语部分证明了关联假定的存在。由于概念编码和语境不足，受试解读话语不成功的现象也进一步说明，特称描述语的理解不是孤立依靠定冠词 the，而是很大程度上受制于语境和概念编码这两个影响因素。

具体而言，对于完整性特称描述语而言，具体指称对象不在交际者的语境假定中，在最佳关联原则引导下，听话人获取描述概念来充实编码的概念内容，获取相应的属性语义。如果具体指称对象在交际者的语境假定中，在最佳关联原则引导下，听话人获取从物概念来充实编码内容，从而找到该编码的概念内容指称的具体对象，获取相应的指称语义。完整性特称描述语很少用于类指用法。对不完整特称描述语而言，仅凭特称描述语的编码的概念内容和定冠词 the 是无法获取其属性语义和指称语义的。当具体指称对象在交际者百科知识中不可及时，在最佳关联原则引导下，基于语境假定，听话人选择描述概念充实编码内容，该不完整特称描述语经过语用充实后，通常用作属性解读；当交际者头脑中有相关具体指称对象时，在最佳关联原则引导下，基于语境假定，听话人选择从物概念充实编码内容，该不完整特称描述语通常用作指称用法；当交际者百科知识中没有相关具体指称对象但是有相应规约化的类别时，在最佳关联原则引导下，基于语境假定，听话人选择类型概念充实编码内容，该不完整特称描述语通常用作类指用法。同理，语境极大影响了理解含隐喻的特称描述语和含转喻的特称描述语。从语篇、情境和百科知识中提取的语境假定共同帮助建构临时性概念，从而获取相应个体概念，促成这类松散性特称描述语的理解。此外，在理解习语中的特称描述语，特别是该描述语有双关意义时，更需要在关联假定下寻找合适的语境假定进而帮助解除歧义，以确定相关语义。在理解错误类特称描述语时，交际者提取或建构的语境对理解错误类特称描述语起着重要作用。

（3）不同特称描述语的理解过程有同有异，不同类型的特称描述语在理解上存在难度差异，存在相对迅捷的默认解读。针对不同特称描述语，话语理解分两条路径，一条是默认的，一条是非默认的，语境决定听话人选择哪一条路径。但两条路径都受制于关联原则。有声思维实验和访谈发现，当概念的指称物与编码的概念内容之间有直接因果联系，也就是说，听话人的百科知识中储备有该概念指称物时，在最佳关联引导下，听话人会优先选择从物概念充实编码内容，得出相应的指称解读。实验表明，该解读是相对迅捷的、优先的、默认的解读。更多情况下，基于语篇、情境以及百科知识提供的语境假定，听话人需要组合编码概念或是利用语境假定建构临时性概念，从而选择不同的个体概念来充实编码内容，获取不同的非默认解读。

总的来说，研究结果基本验证了特称描述语解读的制约假定。也就是说，除了定冠词 the，概念编码和语境均对特称描述语理解发挥了作用，揭示了默认指称语义的存在。基于针对不同类型特称描述语的有声思维实验，本研究提供了不同类型的特称描述语解读具有难度差异的证据，修正了关联统领下涵盖默认语义的话语解读模式，并以此探究了特称描述语理解的语用认知机制。

7.2　本研究的主要启示

本研究从语境论视角考察了概念编码在特称描述语理解中的作用

和参与方式，语境在特称描述语理解中的作用和参与方式以及特称描述语的理解机制。本研究主要有以下理论和实践启示：

7. 2. 1 理论启示

（1）深化了语义—语用界面研究，拓宽了语义学的传统边界。

本研究梳理了特称描述语引发的语言哲学正统派和日常语言学派的哲学家们之间的纷争，理清了相应的语义—语用界面划分争议，并突破传统语义观，从语境论视角研究特称描述语的理解机制和影响因素，为陈新仁（2015）提出的语义学与语用学分界新方案提供新证据。本研究继续维持所言与所含两个层次的划分，将"语用充实"的内容纳入语义学的范围。语义充实是 Sperber & Wilson 提出的，其实是语用充实获得显义的一部分。在特称描述语理解中，研究发现单凭语言编码特别是概念编码无法确定其语义，程序编码和语境都是影响因素。程序编码制约了听话人的解读过程，语境是影响其解读的决定因素。对特称描述语理解中个体概念的进一步区分，也表明处理话语的显义过程中存在不同方式的认知加工。本研究以特称描述语为例，展示了处理其语义过程中不同性质的语用充实，证明了陈新仁（2015）提出语义学与语用学新方案的可行性。因而，本研究"拓宽了语义学的传统边界"（陈新仁，2015），深化了语义—语用界面研究。

（2）展示了特称描述语概念编码和语境在理解过程中的作用和参与方式。

对于特称描述语的编码语义，特别是定冠词 the 的语义，Russell 派和 Donnellan 派存在分歧。鉴于此，本研究从概念编码和语境两方面分别讨论其对特称描述语理解的贡献，发现概念编码对于确定不同类型不同用法的特称描述语作用相对有限，认知语境对于决定不同类型不同用法的特称描述语的解读作用关键。这一发现有助于人们深化对特称描述语特别是定冠词 the 的认识，为探讨特称描述语的理解机制奠定基础。

（3）发现了特称描述语理解的语用认知机制，建构了关联统领下涵盖默认语义的话语解读模式。

在回顾关联论和默认语义论两种语境论主要思想的基础上，依据关联论的基本假设，吸纳默认语义论的默认语义思想，本研究建构了关联统领下涵盖默认语义的话语解读模式，并以此探究了特称描述语理解的语用认知机制。该解读模式更具操作性和解释力，可以更好阐释特称描述语的理解机制。通过实验验证了之前的理论假设，发现语境、程序概念意义和编码概念意义共同作用，促成话语解读。此外，存在相对迅捷的默认解读，而且不同的特称描述语理解存在难度差异。针对不同特称描述语，话语理解分两条路径，一条是默认的，一条是非默认的，语境决定听话人选择哪一条路径。但两路都受制于关联原则。语用充实包括概念组合或临时性概念的建构，以及相关从物概念、描述概念和类型概念三种个体概念的检索、组合和建构。

理论分析和实证研究也印证了陈新仁①（2015）对特称描述语理解的看法，即"唯一化是语境化的过程，主观化是唯一化的取向"。也就是说，在确定特称描述语的指称解读、属性解读和类指解读时，交际者自身在指称行为中发挥了重要作用，唯一性的获得不是单靠特称描述语编码的概念内容赋予，而是由交际者认知语境决定的。为了获取这些特定个体、唯有一个满足描述内容的对象或者满足描述内容的个体类型，交际者从上下文、情境及百科知识中提取语境假定，语用充实话语的逻辑形式，得出相应解读。此外，本研究也印证了Jaszczolt（2005）和Capone（2011a）所提出的"默认从物原则"。

7.2.2 实践启示

（1）帮助交际者理解指称现象以及语言和世界的关系。

指称是语言哲学的经典和核心话题，意义指称论（Referential Theory of Meaning），以Frege和Russell为代表的描述语理论或摹状词理论（Description Theory）和以Kripke和Putnam为代表的历史因果论（Causal Theory）持有不同的哲学立场（李娟、陈新仁，2016）。国内

---

① 2015年5月，陈新仁教授与笔者对话交流的观点。

学者王寅（2012）提出命名转喻论，"人们总是基于人或物的某一特征，采取'择其一而概其全'的方法来为人或物命名"，认为这一理论结合了"摹状论"和"因果论"之长。虽然王寅提出的命名转喻论主要是解释命名活动，但是他结合"摹状论"和"因果论"优势的做法值得借鉴。

关联论在探讨特称描述语的理解时，所提供的解释也结合了描述语理论和历史因果论两者之长，强调了名称的意义不仅由一些相关描述内容决定，还有人主观知识的介入，人与指称对象之间存在因果致使关系。因此，从语境派视角分析特称描述语，可以进一步帮助人们理解指称现象以及语言和世界的关系，并为指称研究提供借鉴。

此外，本书对特称描述语理解做了语用认知视角的阐释，相关分析亦可对同类研究产生一定的启示作用。该语用认知机制有望解释诸如非特称表达、专有名词、代词等指称表达的理解，深化人们对其他指称现象的认识。

（2）为英语二语学习者学习特称描述语提供借鉴。

本研究对特称描述语的理解机制和影响因素进行了分析，揭示了不同类型特称描述语的理解过程。因此，本研究有助于以英语为外语的二语学习者学习此类表达的不同用法，也有助于他们掌握并灵活使用特称描述语。本研究还对跨文化交际有帮助。因为跨文化交际涉及指称，比如对于 the bank 这样的表达，其理解过程既涉及解歧又涉及其他语用充实。一些指称对非本族语者造成困难，可能是由于交际者缺乏相应的百科知识，无法寻找到相应的语境假定满足关联期待，所以还要强调加强文化学习。

7.3　本研究的不足

本研究采用实证的方法研究特称描述语，总结了特称描述语概念编码和语境在理解过程中的作用和参与方式，发现了特称描述语的理解机制，建构了关联统领下涵盖默认语义的话语解读模式，并以此探究了特称描述语理解的语用认知机制，从一定程度上深化了语义—语用界面研究。但是由于笔者水平有限，加之该研究视角较为前沿，本研究尚存在一些不足：

（1）本研究采用的有声思维实验和访谈方法，有其一定的局限性。虽然有声思维是一种值得信赖的数据采集方法（Bowles，2010），但是其报告的真实性和可靠性也受到质疑（Matrat，1992），有学者认为其实验手法及数据采集环境会干涉正常思维（Nunan，1993）。在实验的访谈环节，当研究者进一步追问其思维细节时，受试继续汇报了其当时的思维过程，并坦言某些思维活动没有能够进入他们的语言表达意识中，因此在一定程度上影响了他们口头汇报的质量。

（2）具体分析的特称描述语语料有限。本书分析了四大类特称描述语，但没有涉及用作表语的特称描述语，也没有继续考察特称描述语在反事实句、晦暗语境等语篇语境中的使用，词汇或语境因素的局限可能会影响研究结果的可靠性。

（3）本书的实验操作中涉及诸多变量，除了概念编码内容、语境、不同类型的特称描述语这些变量以外，还存在一些干扰变量，比如对于松散性特称描述语，含转喻和含隐喻的特称描述语还需考虑其规约化程度不一的影响等，这些变量可能会干扰实验，并影响实验结果。

（4）本书主要考察了位于句首或句尾的特称描述语的理解过程，这些特称描述语通常位于主语或宾语的位置。不能排除特称描述语所在位置，尤其是句法因素对其理解的影响。例如，特称描述语出现在句中，处于状语位置时，可能会有不一样的理解过程。

（5）实验中，仅有六位英语本族语者参与实验的受试，尽管选取受试时已考虑到年龄、性别、国籍、文化背景、参与兴趣、合作态度、性格等因素，但是参与人数有限的质性研究也不大可能穷尽理解特称描述语的所有思维模式，因此研究发现可能会受到一定影响。

7.4 对后续研究的展望

通过对特称描述语理解机制的研究，笔者认为未来的研究还可以继续关注以下几个方面的具体问题。

首先，顺应语义—语用界面研究的趋势，在语境论视角下继续探讨用作表语的特称描述语，继续考察特称描述语在反事实句、晦暗语境等语篇语境中的使用，探讨更复杂的词汇和语境因素对特称描述语理解的影响，继续考察松散性特称描述语中，不同规约化程度的转喻和隐喻对其理解的影响，并探讨位于更多不同位置的特称描述语理解的异同，探讨理解过程中句法因素可能产生的影响。

其次，从研究方法上来说，除了有声思维法和访谈，未来研究可以借助更先进的实验设备继续探讨默认语义的存在。目前语言学家已开始借助心理神经实验探测人类推理机制运作的方式（赵燚、向明友，2018），未来可以用 ERP、眼动仪和反应时等认知科学手段继续探讨默认推理的存在。

再次，还可以增加研究维度，加入话语语调等多模态手段来分析特称描述语的理解。话语的韵律特征具有自身的语用功能，也增添了话语的色彩（陈海庆，2012）。未来还可以用多模态手段探讨特称描述语的理解，考察说话人的表情、手势动作以及语调等副语言特征对话语理解产生的影响，增加研究的维度，更全面地考察特称描述语的理解机制。

最后，本书主要探讨英语特称描述语，未来还应进行跨语言的对比研究。中文的特称描述语不再涉及定冠词的问题，其定指和不定指的意义是如何产生的，理解过程与英语特称描述语有何异同，这些都值得进一步探索。此外，这一涉及指称的研究还可以与相邻学科结合，如社会语言学、人工智能等，多学科的融合往往可以产生更多的创新成果。

附录　符号标记的说明

∃	存在，存在量词
∀	任意，全称量词
→	蕴涵，如果……那么……
*	临时性概念

参考文献

[1] Ariel, M. 2002. The demise of a unique concept of literal meaning [J]. *Journal of Pragmatics*, 34.

[2] Bach, K. 1981. Referential/attributive [J]. *Synthese*, 49(2).

[3] Bach, K. 1983. Russell was right (almost) [J]. *Synthese*, 54(2).

[4] Bach, K. 1987. *Thought and Reference* [M]. Oxford: Oxford University Press.

[5] Bach, K. 2004. Descriptions, points of reference [C]. In M. Reimer & A. Bezuidenhout(Eds.). *Descriptions and Beyond: an Interdisciplinary Collection of Essays on Definite and Indefinite Descriptions*. Oxford: Oxford University Press.

[6] Bach, K. 2007. Referentially used descriptions: a reply to Devitt [J]. *European Journal of Analytic Philosophy*, 3.

[7] Bezuidenhout, A. 1997. Pragmatics, semantic underdetermination, and the referential/attributive distinction [J]. *Mind*, 106.

[8] Bianchi, C. 2005. (Ed.). *The Semantics/Pragmatics Distinction* [M]. Stanford: CSLI Publications.

[9] Blakemore, D. 2002. *Relevance and Linguistic Meaning: the Semantics and Pragmatics of Discourse Markers* [M]. Cambridge: Cambridge University Press.

[10] Borg, E. 2004. *Minimal Semantics* [M]. Oxford: Oxford University Press.

[11] Bowles, M. A. 2010. *The Think-aloud Controversy in Second Language Research* [M]. New York: Routledge.

[12] Breheny, R. 1999. *Context Dependence and Procedural Meaning: the*

Semantics of Definites (Unpublished doctoral dissertation). University College London.

[13] Capone, A. 2011a. Default semantics and the architecture of the mind[J]. *Journal of Pragmatics*, 43.

[14] Capone, A. 2011b. The attributive/referential distinction, pragmatics, modularity of mind and modularization[J]. *Australian Journal of Linguistics*, 31(2).

[15] Cappelen, H. & Lepore, E. 2005. *Insensitive Semantics*[M]. Oxford: Blackwell.

[16] Carston, R. 1996. Enrichment and loosening: complementary processes in deriving the proposition expressed? *UCL Working Papers in Linguistics*, 8.

[17] Carston, R. 2002. *Thoughts and Utterances: the Pragmatics of Explicit Communication*[M]. Oxford: Blackwell.

[18] Carston, R. 2006. Relevance theory and the saying/implicating distinction[A]. In L. Horn, G. Ward(Eds.). (2004) *Handbook of Pragmatics*[C]. Oxford: Blackwell.

[19] Carston, R. 2008. Linguistic communication and the semantics/Pragmatics distinction[J]. *Synthese*, 165(3).

[20] Carston, R. 2010a. Lexical pragmatics, ad hoc concepts and metaphor: from a relevance theory perspective[J]. *Italian Journal of Linguistics*, 22(1).

[21] Carston, R. 2010b. Metaphor: ad hoc concepts, literal meaning, and mental images[J]. *Proceedings of the Aristotelian Society*, 110.

[22] Carston, R. & Wearing, C. 2011. Metaphor, hyperbole and simile: a pragmatic approach[J]. *Language and Cognition*, 3(2).

[23] Clark, B. 2013. *Relevance Theory*[M]. Cambridge: Cambridge University Press.

[24] Devitt, M. 2004. *The Case For Referential Descriptions*[M]. In M. Reimer & A. Bezuidenhout(Eds.). *Descriptions and Beyond: an Interdisciplinary Collection of Essays on Definite and Indefinite Descriptions*. Oxford: Ox-

ford University Press.

[25] Devitt, M. 2007. Referential descriptions and conversational implicatures[J]. *European Journal of Analytic Philosophy*, 3.

[26] Donnellan, K. 1966. Reference and definite descriptions[J]. *Philosophical Review*, 75.

[27] Drozdzowicz, A. 2016. Descriptive ineffability reconsidered[J]. *Lingua*, 177.

[28] Elbourne, P. 2005. *Situations and Individuals*[M]. Cambridge, MA: MIT Press.

[29] Elbourne, P. 2013. *Definite Descriptions*[M]. Oxford: Oxford University Press.

[30] Ericsson, K. A. & Simon, H. A. 1980. Verbal reports as data[J]. *Psychological Review*, 87.

[31] Fara, D. G. 2001. Descriptions as predicates[J]. *Philosophical Studies*, 102.

[32] Fodor, J. 1975. *The Language of Thought*[M]. Cambridge, MA.: Harvard University Press.

[33] Frege, G. 1892. Über Sinn und Bedeutung. *Zeitschrift für Philosophie und philosophische Kritik*[M]. Translated as 'On sense and reference' by M. Black in P. Geach & M. Black(Eds. and Trans.). 1980. *Translations from the Philosophical Writings of Gottlob Frege*. Oxford: Blackwell, 3rd edition.

[34] Gardent, C. & Webber, B. 2001. Towards the use of automated reasoning in discourse disambiguation[J]. *Journal of Logic, Language and Information*, 10(4).

[35] Gisborne, N. B. 2014. The semantics of definite expressions and the grammaticalization of THE[M]. In N. Gisborne & W. B. Hollmann (Eds.). *Theory and Data in Cognitive Linguistics*. John Benjamins.

[36] Gordon, P. C. & Hendrick R. 1998. The representation and processing of coreference in discourse[J]. *Cognitive Science*, 22(4).

[37] Grice, H. P. 1969. Vacuous names[C]. In D. Davidson & J. Hin-

tikka(Eds.). *Words and Objections*. Dordrecht:Reidel.

[38]Grice,H. P. 1989. *Studies in the Ways of Words*. Cambridge: Harvard University Press.

[39] Grotjahn, R. 1987. On the methodological basis of introspective methods[A]. In C. Faerch & G. Kasper(Eds.). *Multilingual Matters*,No. 30. Introspection in second language research[C]. Clevedon,England: Multilingual Matters.

[40]Haugh,M. & Jaszczolt,K. 2012. Speaker intentions and intentionality[A]. In K. Allan & K. M. Jaszczolt(Eds.). *The Cambridge Handbook of Pragmatics*[C]. Cambridge:Cambridge University Press.

[41]Hawkins,J. A. 1978. *Definiteness and Indefiniteness:a Study in Reference and Grammaticality Prediction*[M]. London:Croom Helm.

[42]Heim,I. 1982. *The Semantics of Definite and Indefinite Noun Phrases*(Unpublished doctoral dissertation). University of Massachusetts.

[43]Hornsby,J. 1977. Singular terms in contexts of propositional attitude[J]. *Mind*,86.

[44]Jaszczolt. K. M. 2002. *Semantics and Pragmatics:Meaning in Language and Discourse*[M]. London:Pearson Education.

[45]Jaszczolt. K. M. 2005. *Default Semantics: Foundations of a Compositional Theory of Acts of Communication* [M]. Oxford:Oxford University Press.

[46]Jaszczolt,K. M. 2006. Default semantics[C]. In K. Brown(Ed.). *Encyclopedia of Language and Linguistics*. Elsevier/Pergamon.

[47]Jaszczolt, K. M. 2010. Default semantics[C]. In B. Heine & H. Narrog (Eds.). *The Oxford Handbook of Linguistic Analysis*. Oxford: Oxford University Press.

[48]Kamp,H. & Reyle, U. 1993. *From Discourse to Logic*[M]. Dordrecht: Kluwer Academic Publishers.

[49]Keith,A. 2010. Referring as a pragmatic act[J]. *Journal of Pragmatics*,42.

[50] Keith, A. 2011. 'The best architect designed this church': definite descriptions in Default Semantics[J]. *Australian Journal of Linguistics*, 31 (4).

[51] Kempson, R. 1975. *Presupposition and the Delimitation of Semantics* [M]. Cambridge: Cambridge University Press.

[52] Kripke, S. 1977. Speaker reference and semantic reference[J]. *Midwest Studies in Philosophy*, 2(1).

[53] Lakoff, G. & Johnson, M. 2003. *Metaphors We Live by*[M]. London: The University of Chicago Press.

[54] Lepore, E. 2004. An abuse of context in Semantics: a case of incomplete definite descriptions[C]. In M. Reimer & A. Bezuidenhout(Eds.). *Descriptions and Beyond: an Interdisciplinary Collection of Essays on Definite and Indefinite Descriptions*. Oxford: Oxford University Press.

[55] Levinson, S. 2000. *Presumptive Meanings: the Theory of Generalized Gonversational Implicature*[M]. Cambridge: MIT Press.

[56] Ludlow, P. & Neale, S. 2006. Descriptions[C]. In M. Devitt & R. Hanley(Eds.). *Blackwell Guide to the Philosophy of Language*. Oxford: Blackwell Publishing.

[57] Lyons, C. 1999. *Definiteness*[M]. Cambridge: Cambridge University Press.

[58] Matrat, C. M. 1992. *Investigating the Translation Process: Thinking-aloud Versus Joint Activity*[M]. Ann Arbor, MI: University Microfilms International.

[59] Mendelsohn, R. L. 2010. Reflections on Russell's theory of descriptions[J]. *Logica yearbook*.

[60] Neale, S. 1990. *Descriptions*[M]. Cambridge, MA: MIT Press.

[61] Neale, S. 2004. This, that, and the other[C]. In M. Reimer & A. Bezuidenhout (Eds.). *Descriptions and Beyond: an Interdisciplinary Collection of Essays on Definite and Indefinite Descriptions*. Oxford: Oxford University Press.

[62] Neale, S. 2005. A century later[J]. *Mind*, 114.

[63] Ng, V. & Cardie, C. 2002. Improving machine learning approaches to coreference resolution. In Proceedings of the 40th Meeting of the ACL.

[64] Nichols, P. 2014. *The Meaning and Semantics of Singular Definite Noun Phrases* (Unpublished doctoral dissertation). University of California.

[65] Nunan, D. 1993. Action research in the language education[C]. In J. Edge & K. Richards (Eds.). *Teachers Develop Teacher's Research: Papers on Classroom Research and Teacher Development*. Oxford: Heinemann.

[66] Nunberg, G. 1978. *The Pragmatics of Reference*[M]. Bloomington: Indiana University Linguistics Club.

[67] Nunberg, G. 1993. Indexicals and deixis[J]. *Linguistics and Philosophy*, 16.

[68] Pan, H. & Hu, J. 2008. A semantic-pragmatic interface account of (dangling) topics in Mandarin Chinese[J]. *Journal of Pragmatics*, 40.

[69] Papafragou, A. 1995. Metonymy and relevance[J]. *UCL Working Papers in Linguistics*, 7.

[70] Papafragou, A. 1996. Figurative language and the semantics-pragmatics distinction[J]. *Language and Literature*, 5(3).

[71] Penco, C. 2017. Donnellan's misdescriptions and loose talk[C]. In K. Korta & M. de Ponte (Eds.). *Reference and Representation in Language and Thought*. Oxford: Oxford University Press.

[72] Perry, J. 2001. *Reference and Reflexivity*[M]. Stanford: CSLI Publications.

[73] Postal, P. 1966. On so-called "pronouns" in English[J]. *Monograph Series on Language and Linguistics*, 19.

[74] Powell, G. 2001. The referential-attributive distinction—a cognitive account[J]. *Pragmatics and Cognition*, 9.

[75] Powell, G. 2010. *Language, Thought and Reference*[M]. Hampshire: Palgrave Macmillan.

[76] Predelli, S. 2005. *Contexts, Meaning, Truth, and the Use of Lan-*

guage[M]. Oxford: Oxford University Press.

[77] Prince, E. F. 1981. Toward a taxonomy of given-new information [A]. *Radical Pragmatics*[C]. New York, Academic Press.

[78] Puglisi, A. 2014. *A Relevance Theoretic Account of Definite Descriptions*(Unpublished doctoral dissertation). Georgetown University.

[79] Ramachandran, M. 2008. Descriptions and presuppositions: strawson vs. Russell[J]. *South African Journal of Philosophy*, 27.

[80] Rebollar, B. E. 2015. A relevance-theoretic perspective on metonymy[J]. *Social and Behavioral Sciences*, 173.

[81] Recanati, F. 1986. Contextual dependence and definite descriptions [J]. *Proceedings of the Aristotelian Society*, 87.

[82] Recanati, F. 1989. Referential/attributive: a contextualist proposal [J]. *Philosophical Studies: An International Journal for Philosophy in the Analytic Tradition*, 56(3).

[83] Recanati, F. 1993. *Direct Reference: from Language to Thought* [M]. Oxford: Blackwell.

[84] Recanati, F. 1994. Contextualism and anti-contextualism in the philosophy of language[C]. In S. Tsohatzidis (Ed.). *Foundations of Speech Act Theory: Philosophical and Linguistic Perspectives*. London and New York: Routledge.

[85] Recanati, F. 2004. *Literal Meaning*[M]. Cambridge: Cambridge University Press.

[86] Reimer, M. 1998a. Donnellan's distinction/Kripke's test[J]. *Analysis*, 58.

[87] Reimer, M. 1998b. The Wettstein/Salmon debate: critique and resolution[J]. *Pacific Philosophical Quarterly*, 79.

[88] Rouchota, V. 1992. On the referential/attributive distinction[J]. *Lingua*, 87.

[89] Rubio-Fernández, P., Cummins, C. & Tian, Y. 2016. Are single and extended metaphors processed differently? a test of two relevance-theo-

retic accounts[J]. *Journal of Pragmatics*,94.

[90]Russell,B. 1905. On denoting[J]. *Mind*,14.

[91]Saeed,J. L. 1997. *Semantics*[M]. Oxford:Blackwell.

[92] Salmon, N. 1982. Assertion and incomplete definite descriptions [J]. *Philosophical Studies*,42.

[93]Salmon,N. 1991. The pragmatic fallacy[J]. *Philosophical Studies*, 63(1).

[94]Salmon,N. 2004. The good,the bad and the ugly[C]. In M. Reimer & A. Bezuidenhout (Eds.). *Descriptions and Beyond:An Interdisciplinary Collection of Essays on Definite and Indefinite Descriptions*. Oxford: Oxford University Press.

[95]Schiffer,S. 1995. Descriptions,indexicals and belief reports:some dilemmas[J]. *Mind*,104.

[96]Schoubye, A. 2011. *On Describing*(Unpublished doctoral dissertation). St. Andrews University.

[97]Searle,J. 1979. *Expression and Meaning:Studies in the Theory of Speech Acts*[M]. Cambridge:Cambridge University Press.

[98]Sharvy, R. 1980. A more general theory of definite descriptions [J]. *The Philosophical Review*,89.

[99]Sperber, D. & Wilson. D. 1995. *Relevance:Communication and Cognition*[M]. Oxford:Blackwell.

[100]Sperber, D. & Wilson. D. 2001. *Relevance: Communication and Cognition*(second edition)[M]. Beijing:Foreign Language Teaching and Research Press.

[101]Sperber,D. & Wilson,D. 2006. Relevance Theory[C]. In L. Horn & G. Ward (Eds.). *Handbook of Pragmatics*. Oxford:Blackwell.

[102] Stojanovic, I. 2008. The semantics/pragmatics distinction [J]. *Synthese*,165.

[103]Strawson,P. F. 1950. On referring[J]. *Mind*,59.

[104]Sullivan,A. 2012. Referring in discourse[A]. In A. Keith. & K.

M. Jaszczolt (Eds.). *The Cambridge Handbook of Pragmatics* [C]. Cambridge: Cambridge University Press.

[105] Szabó, Z. 2000. Descriptions and uniqueness [J]. *Philosophical Studies*, 101.

[106] Szabó, Z. (Ed.). 2006. *Semantics vs. Pragmatics* [M]. Oxford: Oxford University Press.

[107] Turner, K. (Ed.). 1999. *The Semantics-Pragmatics Interface from Different Points of View* [M]. Oxford: Elsevier.

[108] Vieira, R. 1998. *Definite Description Processing in Unrestricted Text* (Unpublished doctoral dissertation). Edinburgh University.

[109] Vieira, R. & Poesio, M. 2000. An empirically based system for processing definite descriptions [J]. *Computational Linguistics*, 4.

[110] Vignolo, M. 2012. Referential/attributive: the explanatory gap of the contextualist theory [J]. *Dialectica*, 66.

[111] Von Fintel, K. 2004. Would you believe it? The King of France is back! (Presupposition and truth-value intuitions) [C]. In M. Reimer & A. Bezuidenhout (Eds.). *Descriptions and Beyond: An Interdisciplinary Collection of Essays on Definite and Indefinite Descriptions*. Oxford: Oxford University Press.

[112] Wen, Q. F. 2001. *Applied Linguistics: Research Methods and Thesis Writing* [M]. Beijing: Foreign Language Teaching and Research Press.

[113] Wettstein, H. 1981. Demonstrative reference and definite descriptions [C]. *Philosophical Studies*, 40.

[114] Wettstein, H. 1983. The semantic significance of the referential/attributive distinction [J]. *Philosophical Studies*, 44.

[115] Wettstein, H. 1986. Has semantics rested on a mistake? [J]. *Journal of Philosophy*, 83.

[116] Wilson, D. 1994. Relevance and understanding [C]. In G. Brown, et al. (Eds.). *Language and Understanding*. Oxford: Oxford University Press.

［117］Wilson，D. 2004. Relevance and lexical pragmatics. *UCL Working Papers in Linguisitics*，16.

［118］Wilson，D. 2016. Reassessing the conceptual-procedual distinction ［J］. *Lingua*，175－176.

［119］Wilson，D. & Carston，R. 2006. Metaphor，relevance and the"emergent property"issue［J］. *Mind and Language*，21.

［120］Wilson，D. & Carston，R. 2007. A unitary approach to lexical pragmatics：relevance，inference and'ad hoc'concepts［C］. In N.，Burton-Roberts（Ed.）*Pragmatics*. Edinburgh，Palgrave/McMillan.

［121］Wilson，D. & Sperber，D. 1992. On verbal irony［J］. *Lingua*，87.

［122］Wilson，D. & Sperber，D. 1993. Linguistic form and relevance ［J］. *Lingua*，90.

［123］Wilson，D. & Sperber，D. 2002. Truthfulness and relevance［J］. *Mind*，443.

［124］Wilson，D. & Sperber，D. 2004. Relevance Theory［C］. In L. R. Horn & G. Ward（Eds.）. *The Handbook of Pragmatics*. Oxford：Blackwell.

［125］Zhang，Y. F. & Zhang，S. J. 2017. Explicature versusdefaultmeaning：Aresponseto Alessandro Capone's Default Semanticsandthe architecture ofthemind［J］. *Journal of Pragmatics*，117.

［126］Zvolensky，Z. 1997. Definite descriptions：what Frege got right and Russell didn't［J］. *Aporia*，7.

［127］曹燕黎，2015a. 转喻研究的学科路径、方法及其融合趋势 ［J］. 现代外语（2）.

［128］曹燕黎，2015b. 关联—优选论框架下的指称转喻理解研究 ［D］. 南京：南京大学.

［129］陈海庆，2012. 理解与互动：语篇语用意义阐微［M］. 广州：世界图书出版广东有限公司.

［130］陈嘉映，2012. 语言哲学［M］. 北京：北京大学出版社.

［131］陈平，2015. 语言学的一个核心概念"指称"问题研究 ［J］. 当代修辞学（3）.

［132］陈晓平，2012a．关于摹状词和专名的指称问题——从语境论的角度看［J］．哲学分析（1）．

［133］陈晓平，2012b．从摹状函项和命题函项看涵义—指称问题——兼评弗雷格罗素的意义理论［J］．科学技术哲学研究（2）．

［134］陈晓平，2013．论语句的涵义与指称——对弗雷格的涵义—指称理论的一些修正［J］．自然辩证法研究（4）．

［135］陈新仁，2008．"转喻"指称的认知语用阐释［J］．外语学刊（2）．

［136］陈新仁，2015．语义学与语用学的"分界"：一种新方案［J］．外语教学与研究（6）．

［137］崔凤娟，王松鹤，2018．指称理论的语境化过程［J］．外语学刊（3）．

［138］丁言仁，2009．语言哲学：在现代西方语言学的背后［M］．上海：上海外语教育出版社．

［139］郭纯洁，2007．有声思维法［M］．北京：外语教学与研究出版社．

［140］郭纯洁，2015．有声思维在外语教学研究中的应用［M］．北京：外语教学与研究出版社．

［141］何自然，陈新仁，2004．当代语用学［M］．北京：外语教学与研究出版社．

［142］何自然，冉永平，2009．新编语用学概论［M］．北京：北京大学出版社．

［143］侯国金，2003．动态语境与语境洽商［J］．外语教学（1）．

［144］胡壮麟，2002．语境研究的多元化［J］．外语教学与研究（3）．

［145］季小民，2017．关联理论视阈下"不X不"型双重否定话语研究［D］．南京：南京大学．

［146］江晓红，2009．认知语用研究：词汇转喻的理解［M］．北京：中国社会科学出版社．

［147］李娟，陈新仁，2016．新历史因果论视角下术语"face"的跨文化旅行［J］．思想战线（4）．

［148］李娟，陈新仁，2017．西方特称描述语研究的学派之争［J］．外语学刊（5）．

［149］莫爱屏，2004．推理照应的语义研究［J］．外语研究（3）．

［150］束定芳，2012．近10年来国外认知语言学最新进展与发展趋势［J］．外语研究（1）．

［151］王建芳，2013．从言、从物模态与限定摹状词的用法［J］．科学技术哲学研究（3）．

［152］王晋瑞，2015．冠词语义两可论视阈下的摹状词问题研究［D］．太原：山西大学．

［153］王寅，2012．指称论新观：命名转喻论——从摹状论、因果论到转喻论［J］．外语教学（6）．

［154］伍思静，张荆欣，2018．再论语义学/语用学界面之争［J］．外语学刊（3）．

［155］杨雪芹，2010．重读经典：罗素的摹状词理论［J］．苏州大学学报（哲社版）（1）．

［156］张绍杰，2010．后格赖斯语用学的理论走向——语义学和语用学界面研究的兴起［J］．外国问题研究（1）．

［157］张绍杰，张延飞，2012．默认理论与关联理论——解释"般会话含义"的两种对立方法［J］．当代外语研究（7）．

［158］周璇，2014．摹状词理论：从语义到语用［J］．外语学刊（4）．

［159］张权，李娟，2006．默认语义学对语义学、语用学界面的研究及其评价［J］．外国语（1）．

［160］赵燚，向明友，2018．关联理论研究前沿探析［J］．外语学刊（1）．

后　记

　　本书是在我的博士论文的基础上修改而成的。回想读博四年，除了求学酸甜苦辣的瞬间，也常常有感恩和感动的时刻，因为求学途中我有幸得到那么多老师、同门、同事、朋友和家人的热情帮助和全力支持。在此，请允许我对所有帮助过我的人致以诚挚的感谢！

　　首先，我要把我最衷心的感谢献给我最敬爱的导师陈新仁教授。能步入陈门，成为陈老师的学生，是我人生中的一大幸运！陈老师博学厚德，德才兼备，治学严谨，勤勉谦和，关爱学生，言传身教，让我受益终身。每周的论文研讨课上，陈老师鼓励我们畅所欲言，激发我们思想的火花。他讲授的语言哲学课和语用学课直接启发了我博士论文的选题。我攻读学位期间撰写的大小文章，从题目拟定、框架设计、内容阐释到遣词造句，甚至到标点符号，都倾注着陈老师的大量心血。他毫无保留地传授着自己的专业知识和科研方法，启迪了我的学术研究并培育了我的学术信心。陈老师常常告诉我们："遇到难题，随时可以与我交流，不要一个人闷在那里白白浪费时光。""不要焦虑，有什么焦虑都把它交给我……"每当我学习上遇到困难或者焦虑困惑不安时，我拿起电话，耳边就会传来陈老师温和镇定的声音，一段长长的通话之后，我顿时感到云开雾散，柳暗花明。可愚钝的我没有意识到，陈老师或是停下手中繁忙的工作，或是放下手中的碗筷来给我及时解惑。更多的时候我会敲开陈老师办公室的门，当忐忑不安的我迈进门时，陈老师敲击电脑键盘的声音就停了下来，他会逐一回答我的疑问，扫除我心中所有的阴霾。即便占用了他不少宝贵时间，他还关切地问："还有问题吗？"陈老师专注敬业的精神更是深深地感染了我，只要与他经常接触，身上的拖延症、偷懒等毛病就会很快治愈。有一次，陈老师坐了一夜火车，下火车后他匆匆吃完早饭就赶来与我谈论文。面对略显疲态的陈老师，我仿佛看到了在晃动的普卧车厢里，灯光下他戴着厚厚的眼镜认真批改论文的场景。打开我的论文，那密密麻麻的批注，小到标点和大小写的纠正都让我万分震惊。一谈起论文来，陈老师立刻神采奕奕，滔滔不绝，这一交流指导竟又是数个小时。陈老师不仅是学术、工作上的楷模，在生活和家庭上更是我的榜样。他兴趣广泛，精力充沛，很好地平衡了工作和生活。陈老师与师母陈静老师志同道合，琴瑟和鸣，陈氏伉俪的婚姻观和价值观更是深深地影响了我。陈静老师作为心理学专家，她经常用专业知识为我分析解忧，那些犀利深刻的见解让我醍醐灌顶。她的话语如春光般照亮了我读博期间那颗时而阴郁的心，极大地缓解了我的压力。

我将同样衷心的感谢献给南京大学外国语学院的其他老师，在读博期间他们给予我很多指导和帮助。丁言仁教授撰写的《语言哲学》深入浅出地介绍语言哲学流派和主要观点，是我经常翻阅的参考书。徐昉教授和 Matsuda 教授开设的语言学相关课程，巩固了我的语言学知识并训练了我的研究方法。王海啸教授在开题、答辩、讲座等多个学术场合，为我们传道授业，将深奥的语言学理论用幽默简明的话语阐释给我们听，他对学术的态度和生活的感悟更是值得我们仰慕和学习。魏向清教授从我论文的开题、预答辩到答辩一直全程参与指导，给我提出了很多宝贵、中肯的建议。当我将博士论文送去给她评阅时，怕我不认识修地铁的翻修道路，肺炎初愈的她竟在寒风中等了我十多分钟，见面后又坚持把我送到开阔的大路上。这些感人的点滴我都铭记在心。南京大学的老师们就是这样平易近人、尽心尽力地为学生着想，不厌其烦地伴随我们走过一段段崎岖坑洼的小路，直到引领我们走向学术的康庄大道。南京大学有一批如魏向清教授、徐昉教授、周丹丹教授、陈桦教授这样的"学术女神"，每次听她们的见解和观点，我的敬佩之情都油然而生。她们优雅美丽、勤奋睿智、严谨自律，她们向我诠释了女学者的风范，是我这个大龄女博士生学习的榜样。

同时，我还要衷心感谢在读博期间帮助过我的许多同行专家老师。华东师范大学的何刚教授不辞劳苦赶来参加我的预答辩和答辩，并且在学术会议等多个场合与我深入交流论文问题，帮助我开阔思路，完善论文，让我非常感动。南京师范大学的辛斌教授、王永祥教授和张辉教授以他们深厚的学术功底，从他们的专业角度提出宝贵的指导意见，给我论文的开题、撰写和答辩给予了很大帮助。在安徽大学举办的第十四届全国语用学研讨会期间，剑桥大学 Jaszczolt 教授与我交流论文选题，肯定了在关联论框架下融合她的默认语义推理的想法，给予了我莫大的鼓励。俄勒冈大学的 Pederson 教授，柏林自由大学的 Horst 教授来华期间从实验方法、研究思路方面给我的论文提出建议和指导。

我诚挚的感谢还要献给我硕士期间的导师张权教授，感谢他带领我步入语用学研究的殿堂，激发我对语用学研究的兴趣，并多年来一直关心我的每一步成长。2005 年张老师从剑桥大学访学归来，将 Jaszczolt 教授亲笔签名的《默认语义学》一书赠予我，指导我阅读并评价此书。在他的帮助下，我们在《外国语》上发表了国内默认语义学理论的首篇书评。

我还要特别感谢几年来与我共同奋战的同窗好友们。感谢在论文研讨课上给我提出宝贵建议的邓兆红、王晓燕、郭亚东、张立茵、钟茜韵、张结根、蒋庆胜、任娟娟、陈梅松、李梦欣、沈星辰、邱佳、李捷、杨昆和夏秸。在我开题和预答辩时，他们忙前忙后为我张罗布置，平时与我相互鼓励和鞭策，分享欢乐和苦恼。热情贴心的季小民师兄和曹燕黎师姐将他们做有声思维实验的经验与我无私分享。邓兆红师姐和蒋庆胜师弟经常与我通话，共同探讨关联论的细节问题，庆胜师弟更是通读本书，给我提了不少宝贵建议。聪慧美丽、善解人意的李梦欣师妹主动为我分忧，承担了校对书目等工作。热心幽默的张结根与我同窗七年，每次我遇到困难他都鼎力相助。睿智风趣的张翼老师，亦师亦兄，他给予了我很多关键性的帮助。难以寻觅的文献资料，张翼老师总能第一时间发来电子版，雪中送炭的情谊让我永记心间。预答辩中他从认知视角为我的论文提供新的思路，生活中他常跟我们分享一些幽默的调侃，给我们的学术生活带来轻松和愉悦。胡旭辉、景晓平、袁周敏、李民、任育新、邓景、王雪玉等师兄师姐都非常关心我，在线上或线下鼓励和指导我。陈门大家庭互助友爱、温暖团结，身为家庭的一分子，我感到荣幸又快乐！

我还要感谢我的工作单位——南京理工大学给予我的支持和关爱！外国语学院的领导和同事们都非常关心我的读博情况，并尽最大可能给我工作上的谅解和支持，让我有充足的时间和精力完成我的学业。院长赵雪琴教授多次询问我的论文进展，鼓励我抓紧时间尽早毕业。吴志杰副院长、朱菊芬副院长、张世刚书记、陈荣明副书记等领导以及焦保清、许明、赵映元、杨国俊等老师都一直帮助、关心与爱护我。

最后，我还要把我的感谢送给我的家人和朋友，感谢他们持续的鼓励和陪伴。我的公公婆婆承担了大部分家务劳动和照顾孩子的重任，无怨无悔地付出。为了让我安心学习，我的先生大力支持我。远在成都的父母和爷爷每次打电话都会关心我的论文进展，他们从来都是报喜不报忧，生怕影响我的心情，耽误我的学习。在我读博期间与我天人相隔的奶奶，她的关爱和牵挂已融入我的血液和灵魂。家人们的付出、叮嘱和期望是我砥砺前行的动力。我最温情的感谢要送给我的励丞小朋友，他从来没有责怪我没有时间陪伴他。为了腾出写作时间，我假期常把他丢到围棋、游泳等兴趣班，他也欣然接受。偶尔他也羡慕别的小朋友可以外出，他会懂事地许愿：等妈妈的论文写完了，我们就去哪儿哪儿旅游。懵懂的励丞开始明白论文的神圣，无形中他也有了些责任意识。

回顾在南京大学读博的四年，众多的关爱和帮助为我打造了一叶学术小舟，我将追随大家一起远航。前方有风浪暴雨，更有旖旎风光。我深知只有孜孜不倦、努力进取，才能不辜负各位老师、同门、同事、朋友和家人们的细心关怀和殷切期望。在此再次衷心感谢所有帮助过我的人，祝他们一生平安喜乐！

需要说明的是，尽管本书在撰写过程中得到了诸多帮助，但具体写作过程中出现的错误和问题皆由本人负责。

李　娟

2018 年 9 月 20 日

图书在版编目（CIP）数据

特称描述语理解机制的语用学研究 / 李娟著. —广州：暨南大学出版社，2019.12
（语用学学人文库）
ISBN 978 - 7 - 5668 - 2702 - 9

Ⅰ. ①特…　Ⅱ. ①李…　Ⅲ. ①语用学—研究　Ⅳ. ①H030

中国版本图书馆 CIP 数据核字（2019）第 180061 号

特称描述语理解机制的语用学研究
TECHENG MIAOSHUYU LIJIE JIZHI DE YUYONGXUE YANJIU
著　者：李　娟
···

出 版 人：徐义雄
策划编辑：杜小陆
责任编辑：周玉宏　朱良红
责任校对：苏　洁　林玉翠
责任印制：汤慧君　周一丹

出版发行：暨南大学出版社（510630）
电　　话：总编室（8620）85221601
　　　　　营销部（8620）85225284　85228291　85228292（邮购）
传　　真：（8620）85221583（办公室）　　85223774（营销部）
网　　址：http：//www. jnupress. com
排　　版：广州良弓广告有限公司
印　　刷：佛山市浩文彩色印刷有限公司
开　　本：787mm×1092mm　1/16
印　　张：14.5
字　　数：220 千
版　　次：2019 年 12 月第 1 版
印　　次：2019 年 12 月第 1 次
定　　价：58.00 元